O CASO EICHMANN
HANNAH ARENDT E AS CONTROVÉRSIAS JURÍDICAS SOBRE O JULGAMENTO

O CASO EICHMANN
HANNAH ARENDT E AS CONTROVÉRSIAS JURÍDICAS SOBRE O JULGAMENTO

ADRIANO CORREIA

O CASO EICHMANN
HANNAH ARENDT E AS CONTROVÉRSIAS JURÍDICAS SOBRE O JULGAMENTO
© Almedina, 2023

AUTOR: Adriano Correia

DIRETOR DA ALMEDINA BRASIL: Rodrigo Mentz
EDITOR: Marco Pace
ESTAGIÁRIA EDITORIAL: Priscila Borges
ASSISTENTES EDITORIAIS: Larissa Nogueira e Rafael Fulanetti
ESTAGIÁRIA DE PRODUÇÃO: Laura Roberti
REVISÃO: Letícia Gabriella e Juliana Leuenroth

DIAGRAMAÇÃO: Almedina
DESIGN DE CAPA: Roberta Bassanetto
IMAGEM DE CAPA: *Adolf Eichmann is sentenced to death at the conclusion of the Eichmann Trial*, de Israeli GPO photographer, 15 de dezembro de 1961

ISBN: 9786554270564
Março, 2023

Dados Internacionais de Catalogação na Publicação (CIP)
(Câmara Brasileira do Livro, SP, Brasil)

Correia, Adriano O Caso Eichmann : Hannah Arendt e as controvérsias jurídicas sobre o julgamento / Adriano Correia
1. ed. – São Paulo: Edições 70, 2023.

Bibliografia.
ISBN 978-65-5427-056-4

1. Arendt, Hannah, 1906-1975 – Crítica e interpretação 2. Crimes de guerra – Processos – Jerusalém 3. Holocausto (1939-1945) 4. Eichmann, Adolf, 1906-1962 I. Título.

23-142134   CDD-940.5318

Índices para catálogo sistemático:

1. Holocausto judeu : Guerra Mundial, 1939-1945: História 940.5318

Aline Graziele Benitez – Bibliotecária – CRB-1/3129

Este livro segue as regras do novo Acordo Ortográfico da Língua Portuguesa (1990).

Todos os direitos reservados. Nenhuma parte deste livro, protegido por copyright, pode ser reproduzida, armazenada ou transmitida de alguma forma ou por algum meio, seja eletrônico ou mecânico, inclusive fotocópia, gravação ou qualquer sistema de armazenagem de informações, sem a permissão expressa e por escrito da editora.

EDITORA: Almedina Brasil
Rua José Maria Lisboa, 860, Conj. 131 e 132, Jardim Paulista | 01423-001 São Paulo | Brasil
www.almedina.com.br

AGRADECIMENTOS

Devo o amadurecimento das questões que examino aqui neste livro à experiência da docência nas últimas duas décadas e não é outra a razão de eu dedicá-lo às/aos estudantes das disciplinas que ministrei, principalmente na Faculdade de Filosofia da Universidade Federal de Goiás (UFG). Foi decisiva ao ensino e à pesquisa a bolsa de produtividade em pesquisa concedida pelo CNPq desde 2010.

Este livro, como sói acontecer, não seria possível sem o apoio, o auxílio e a interlocução da ampla e diversa comunidade dos estudiosos da obra de Hannah Arendt, principalmente no Brasil, mas também mundo afora. Agradeço a Celso Lafer a gentileza e a honra da disponibilidade para a escrita do prefácio e também seu auxílio no acesso a materiais bibliográficos relevantes para a conclusão da pesquisa. Também por esta última razão, agradeço Ludmila Franca-Lipke e Igor Vinicius Basilio Nunes, em nome de quem manifesto gratidão às/aos colegas com quem venho dialogando há um bom tempo sobre várias questões examinadas aqui. Agradeço ainda Helena Esser dos Reis, Castor Ruiz, José Sérgio Fonseca de Carvalho e Odilio Aguiar, que compuseram, em 2022, a banca de minha defesa de tese para professor titular, de onde proveio metade desse livro.

Agradeço ainda à editora Almedina/Edições 70 pela confiança neste trabalho, o primeiro de três obras sobre o tema do mal e da responsabilidade pessoal em conexão com o Caso Eichmann. Por fim, agradeço Cássia Oliveira, companhia maravilhosa dessa última década, que inspirou a maior parte dos bons afetos que me permitiram realizar essa pesquisa.

SUMÁRIO

PREFÁCIO
 Celso Lafer 11

INTRODUÇÃO 35

1. EICHMANN: DA QUEDA A JERUSALÉM 43
   1.1. Da fuga ao rapto 43
   1.2. A jurisdição sobre o *hostis humani generis* 57

2. EICHMANN EM JERUSALÉM 79
   2.1. O julgamento de Eichmann em Jerusalém
        e o julgamento de Arendt 79
   2.2. Um julgamento espetáculo? Um julgamento
        histórico? 99

3. A "HUMANIDADE" NO CRIME CONTRA
   A HUMANIDADE 117
   3.1. Crime contra a humanidade 118
   3.2. Que humanidade? 128

4. A PENA DE MORTE PARA EICHMANN
   E A SENTENÇA ALTERNATIVA DE ARENDT 145
   4.1. A controvérsia em torno da punição 145

4.2. A sentença de Arendt............................ 163
4.3. Uma forca e um forno crematório em Israel......... 174

EPÍLOGO: O LEGADO DO JULGAMENTO
E A RESPONSABILIDADE PESSOAL...................... 181

REFERÊNCIAS 209

PREFÁCIO

I

Adriano Correia é um dos mais destacados estudiosos e intérpretes do pensamento de Hannah Arendt. São marcos de sua dedicação arendtiana o livro *Hannah Arendt e a modernidade: política, economia e a disputa por uma fronteira*;[1] o escrúpulo filológico com o qual empreendeu a revisão técnica da 11ª edição brasileira de *A condição humana*, que conta com uma substanciosa e erudita apresentação de sua autoria;[2] seu papel como um dos organizadores e colaborador do *Dicionário de Hannah Arendt*,[3] além de um número relevante de artigos sobre várias vertentes da reflexão em torno da autora, assim como a organização e participação em colóquios e seminários dedicados à recepção e à atualidade da obra da grande pensadora.

O caso Eichmann, Hannah Arendt e as controvérsias jurídicas sobre o julgamento é seu novo livro, que retoma e aprofunda, em novos

---

[1] Adriano Correia, *Hannah Arendt e a modernidade: política, economia e a disputa por uma fronteira*. Rio de Janeiro: GEN/ Forense Universitária, 2014.

[2] Hannah Arendt, *A condição humana*. Trad. de Roberto Raposo; revisão técnica de Adriano Correia. 11. ed. rev. Rio de Janeiro: Forense Universitária, 2010.

[3] *Dicionário de Hannah Arendt*. Org. de Adriano Correia *et al*. São Paulo: Almedina Brasil, 2022.

moldes, anteriores preocupações sobre a matéria discutida em "Crime e responsabilidade: a reflexão de Hannah Arendt sobre o Direito e a dominação totalitária", sua contribuição ao volume *A banalização da violência: a atualidade do pensamento de Hannah Arendt*, organizado por André Duarte, Christina Lopreato e Marion Brepohl de Magalhães.[4]

Antes de considerações sobre os indiscutíveis méritos deste livro de Adriano Correia, que é a expressão de um contínuo *work in progress* de seu percurso arendtiano, creio que cabe preliminarmente situar o relato sobre o julgamento do caso Eichmann no contexto da obra de Hannah Arendt, fazendo igualmente menção às polêmicas que suscitou e persistem até hoje. É o que dá um foco mais preciso à importância do tema das controvérsias jurídicas agora examinadas por ele.

O tempo consolidou, depois do falecimento de Hannah Arendt em 1975, o alcance do conjunto de sua obra. Esta foi adquirindo as características de uma obra clássica, que preenche os três requisitos formulados por Bobbio: é uma interpretação autêntica de sua época (o século XX); instiga constantes leituras e releituras; oferece critérios, conceitos e diretrizes relevantes para o entendimento do mundo atual, ainda que tenham sido concebidos e elaborados numa outra época histórica.[5] Por isso, tenho destacado em várias oportunidades, valendo-me de uma formulação de Italo Calvino, a obra de Hannah Arendt como um clássico, "nunca acaba de dizer aquilo que tem para dizer".[6]

---

[4] *A banalização da violência: atualidade do pensamento de Hannah Arendt*. Org. de André Duarte, Christina Lopreato e Marion Brepohl de Magalhães. Rio de Janeiro: Relume Dumará, 2004, pp. 83-98.

[5] Norberto Bobbio, *Teoria Geral da Política, a Filosofia Política e a lição dos clássicos*. Org. de Michelangelo Bovero. Rio de Janeiro: Campus, 2000, pp. 114, 130-131.

[6] Italo Calvino, *Por que ler os clássicos*. Trad. de Nilson Moulin. São Paulo: Companhia das Letras, 1993, p. 11.

É o que explica sua excepcional fortuna crítica e a indiscutível irradiação de seu pensamento, como atesta a sempre crescente bibliografia a ela dedicada nos mais diversos quadrantes culturais, inclusive no Brasil. Sucessivas gerações de estudiosos vêm se debruçando sobre seus textos em função da variedade de interesses e de perspectivas que sua obra suscita.

Quando fui aluno de Hannah Arendt na Universidade de Cornell, em 1965, não havia um consenso dessa natureza em torno da pertinência de sua obra para o entendimento do mundo e das coisas. Ela era vista como uma intelectual de peso e de erudição, reconhecida fora dos meios acadêmicos desde a publicação em 1951 de *Origens do totalitarismo*, mas havia certo desconforto em relação a uma personalidade que pensava sem o apoio do corrimão de conceitos consagrados, corajosamente, e cuja obra não se moldava aos âmbitos das tradicionais disciplinas acadêmicas, nem sua *persona* se enquadrava nos cânones políticos usuais. Como a própria Hannah Arendt comentou em 1972, num colóquio sobre seu percurso: "*it so happens that I somehow don't fit*" (acontece que, de certo modo, eu não me encaixo").[7]

O desconforto com quem não se encaixava foi claramente posto de lado quando a recepção de sua obra adquiriu, como apontado, as características de um clássico. Nesse consenso existe, no entanto, uma notável exceção: seu livro sobre o caso Eichmann.

Com efeito, a publicação de seu relato provocou intensa polêmica sobre os conceitos que elaborou, sobre a precisão factual de sua narrativa e sobre o tom de sua escrita, que abrange o trato, *inter alia*, da natureza do mal, da dinâmica do totalitarismo nazista, da personalidade de Eichmann, das responsabilidades de lideranças judaicas no enfrentamento do Holocausto, da efetiva capacidade do Direito de lidar com crimes sem precedentes, e da própria natureza

---

[7] Hannah Arendt, *Thinking without a banister: essays in Understanding, 1953-1975*. Edited and with an introduction by Jerome Kohn. Nova York: Schocken Books, 2018, p. 472.

do julgamento e seu papel na consolidação da identidade nacional do Estado de Israel. Essa polêmica centrada em torno de seu livro, que diz respeito também à sua relação com a condição judaica, permanece até hoje.

A edição de 2006 de *Eichmann em Jerusalém* contou com uma muito ponderada e positiva apreciação do livro por Amos Elon. Este, ciente da intensidade da polêmica, intitulou sua introdução "A excomunhão de Hannah Arendt".[8]

Em artigo sobre a permanência da polêmica, intitulado significativamente "Whose on trial? Eichmann's or Hannah Arendt? The Eichmann Controversy revisited", Seyla Benhabib observou: *"the trial of Eichmann has turned once more into the trial of Hannah Arendt"* ("o julgamento de Eichmann transformou-se mais uma vez no julgamento de Hannah Arendt"). O artigo é sua contribuição ao livro *The trial that never ends, Hannah Arendt's Eichmann in Jerusalem in retrospect*,[9] organizado por Richard J. Golsan e Sarah M. Miseme, que dá conta da persistência da questão.

Essa continuidade da polêmica confere a *Eichmann in Jerusalém* o interesse de uma força de atração própria, inclusive pelo uso mais abrangente que passou a ser feito do tema da "banalidade do mal". Este é o pano de fundo deste livro de Adriano Correia, que disso tem consciência, singularizando-o nesse contexto, o qual é muito distinto, por exemplo, do contexto mais acadêmico que enseja a reflexão sobre *A condição humana* ou da disputa de fronteiras entre política e economia, na visão arendtiana de modernidade.

---

[8] Cf. Hannah Arendt, *Eichmann in Jerusalem: a report on the banality of evil*. Introduction by Amos Elon. Nova York: Penguin Classics, 2006, pp. VII-XXII.

[9] Cf. Richard J. Golsan; Sarah M. Miseme (Org.), *The trial that never ends, Hannah Arendt's Eichmann in Jerusalem in retrospect*. Toronto: Toronto University Press, 2017, pp. 209, 213.

PREFÁCIO

II

Hannah Arendt quis assistir ao processo Eichmann e relatá-lo porque, não tendo podido comparecer e assistir aos julgamentos do Tribunal de Nuremberg, quis ver e avaliar de perto a pessoa de um dos perpetradores do Holocausto,[10] cabendo destacar, como é óbvio, que o Holocausto é um paradigma de seu recorrente tema da ruptura desencadeada pelo processo de dominação totalitária.

Crimes contra a humanidade foram inovadoramente contemplados nos Estatutos do Tribunal de Nuremberg, cabendo lembrar que a expressão "crimes against humanity" foi aventada pela primeira vez na Declaração Conjunta da França, Grã-Bretanha e Rússia de 24 de maio de 1915, a propósito do genocídio armênio na Turquia. Em Nuremberg, no entanto, foram tratados em conjunto, alinhados com os mais reconhecidos crimes contra a paz do *jus ad bellum* e os crimes de guerra do *jus in bello*.[11]

Para isso, contribuiu o fato de que o material de prova sobre o genocídio judaico só se avolumou depois do fecho das decisões do Tribunal de Nuremberg. Em contraste, a matéria de prova sobre o genocídio judaico foi exaustiva no julgamento de Eichmann. Cabe assim lembrar, como aponta Hannah Arendt, que o único condenado em Nuremberg por crime contra a humanidade foi Julius Streicher, editor do jornal antissemita *Der Streicher*, incitador do Holocausto, mas que não participou, como Eichmann, do aparato nazista voltado à execução de extermínio.[12]

---

[10] Elizabeth Young-Bruehl, *Hannah Arendt, for love of the world*. New Haven: Yale University Press, 1982, p. 329.

[11] Cf. Carmelo Domenico Leotta, *Il Genocidio nel Diritto Penale Internazionale, dagli scritti di Raphael Lemkin allo Statuto di Roma*. Turim: G. Giappichelli Editore, 2013, pp. 38-39, 114.

[12] Hannah Arendt, *Eichmann em Jerusalém, um relato sobre a banalidade do mal*. Trad. de José Rubens Siqueira. São Paulo: Companhia das Letras, 2000, p. 280; Richard Overy, "The Nuremberg Trials: international law in the making". In: Philippe Sands (Org.), *From Nuremberg to the Hague: the future of International Criminal Justice*. Cambridge: Cambridge University Press, 2003, pp. 11, 27.

Michael Marrus destacou que, desde a captura de Eichmann, Hannah Arendt se dedicou aos aspectos jurídicos de seu julgamento em Jerusalém.[13] Era uma de suas substantivas preocupações a inadequação da tradição dos sistemas jurídicos e de seus conceitos "para lidar com os fatos dos massacres administrativos organizados pelo aparelho do Estado",[14] um tema alinhado com sua recorrente reflexão em torno da ruptura da tradição do pensamento e um desafio específico para os juristas habituados a raciocinar na moldura mais circunscrita da tradição do pensamento jurídico. Foi por isso, aliás, que, como um arendtiano que é também um professor de Direito, me dediquei à discussão das dimensões jurídicas de seu relato sobre o caso Eichmann em duas ocasiões, em textos que Adriano Correia conhece e cita neste livro.

Com efeito, o tradicional tipo penal de homicídio, mesmo qualificado pelo emprego da tortura e de meios insidiosos ou cruéis, não dá conta da abrangência dos "fatos de massacres administrativos organizados pelo aparelho do Estado".[15]

Cabe fazer um parêntese para mencionar nesse contexto o caso do pedido de extradição, formulado pela Alemanha, pela Áustria e pela Polônia, de Stangl, que foi oficial da SS e comandante dos campos de extermínio nazistas de Sobibor e Treblinka, se homiziara no Brasil e foi julgado pelo STF em 1967. Trata-se do primeiro caso em que a jurisprudência brasileira se confrontou com o Holocausto. O relator do feito foi o ministro Victor Nunes Leal, que em seu luminoso voto examinou circunstanciadamente o material de prova da verdade factual do genocídio e fez amplas referências ao processo Eichmann. Numa das passagens de seu voto, observou: "O crime do genocídio foi instituído como crime de Direito Internacional em razão, entre outros elementos, da quantidade de vítimas. Se tivessem

---

[13] Michael Marrus, "Eichmann in Jerusalem, Justice and History". In: Steven E. Aschheim (Org.), *Hannah Arendt in Jerusalem*. Berkeley, Los Angeles: University of California Press, 2001, pp. 205-223.

[14] Hannah Arendt, *Eichmann em Jerusalém: um relato sobre a banalidade do mal*, op. cit., p. 317.

[15] Cf. Código Penal Brasileiro, art. 51, § 2º.

assassinado dois ou três judeus, não haveria a vasta literatura que temos sobre o genocídio".[16]

Não é este o lugar para maiores discussões sobre o caso Stangl, que já examinei detidamente em outra ocasião, sublinhando minha admiração pelo voto do ministro Victor Nunes Leal.[17] Mas acho oportuno mencionar, sem entrar em maiores detalhes, que a extradição foi concedida, seguindo os princípios da estrita legalidade, para a Alemanha, que a solicitou fundamentando-se em ação penal não prescrita, com base no tipo penal de homicídio qualificado.[18]

A inadequação do uso do homicídio qualificado, que foi a base do pedido de extradição da Alemanha no caso Stangl para subsumir "o assassinato organizado como uma instituição governamental", foi realçada por Hannah Arendt em texto de 1966 sobre o julgamento em Frankfurt de indivíduos postados em Auschwitz que não estavam a salvo pela prescrição.[19]

Para Hannah Arendt, como pontua Adriano Correia, o tipo penal do homicídio qualificado não abarca a *mens rea,* ou seja, a intenção do "assassinato organizado como instituição governamental".

As razões pelas quais o judiciário alemão recorreu a seu Código Penal do século XIX para evitar a retroatividade e também para atender às preocupações políticas da República Federal foram expostas por Lawrence Douglas em sua contribuição ao já mencionado volume *The trial that never ends.*[20]

---

[16] Supremo Tribunal Federal, *Memória jurisprudencial do ministro Victor Nunes.* Brasília: STF, 2006, p. 319.

[17] Cf. Celso Lafer, *Direitos Humanos: um percurso no Direito no século XXI.* São Paulo: Atlas, 2015, vol. 1, pp. 182-204.

[18] Cf. Supremo Tribunal Federal, *Memória jurisprudencial do ministro Victor Nunes,* op. cit.

[19] *Hannah Arendt, responsabilidade e julgamento.* Ed. organizada por Jerome Kohn, com introdução brasileira de Bethânia Assy. São Paulo: Companhia das Letras, 2004, p. 311.

[20] Lawrence Douglas, "Arendt, German Law and atrocity". In: *The trial that never ends, Hannah Arendt's Eichmann in Jerusalem in retrospect,* op. cit., pp. 190-208.

III

As referências acima elencadas permitem-me dizer, alinhado com Michael Marrus, que um muito significativo horizonte de referências de Hannah Arendt ao se debruçar sobre o julgamento de Eichmann era de natureza jurídica e o que se passou em Nuremberg foi para ela um relevante ponto de partida.[21] Hannah Arendt, por não ter formação jurídica, tinha consciência do desafio. Por isso, em carta de 11 de janeiro de 1961 a Carl J. Friedrich, eminente jurista e professor de Harvard, com o qual tinha bom relacionamento pessoal, pedia sua opinião sobre as questões suscitadas em Nuremberg.[22] É o que torna ainda mais pertinente, para um arendtiano como Adriano Correia, enfrentar o desafio de examinar como ela, sem "legal training", em suas próprias palavras, tratou das controvérsias jurídicas do julgamento de Eichmann.

Nuremberg como ponto de partida e marco de referência da análise de Hannah Arendt se explica por várias razões que me permito, preliminarmente, elencar e ordenar como professor de Direito. A primeira provém de uma famosa passagem da sentença que afirmou que os crimes contra o Direito Internacional são cometidos por indivíduos e não por entidades abstratas, e somente submetendo a sanções penais os indivíduos que por eles são responsáveis as estipulações do Direito Internacional serão eficazes.[23]

O Direito Internacional Penal é um desdobramento dos princípios derivados do estatuto e das decisões do Tribunal de Nuremberg, que foram consolidados em relatório de 1950 da Comissão de Direito Internacional da ONU.

---

[21] Michael Marrus, "Eichmann in Jerusalem: Justice and History", op. cit., pp. 206-208.

[22] A carta está reproduzida na íntegra em Celso Lafer, *A reconstrução dos Direitos Humanos: um diálogo com o pensamento de Hannah Arendt*. São Paulo: Companhia das Letras, 1988, p. 173, no contexto do capítulo VI, que discute o relato arendtiano sobre o processo Eichmann.

[23] Cf. Richard Overy, "The Nuremberg Trials: international law in the making", op. cit., pp. 32-33.

PREFÁCIO

A lógica de Nuremberg contrapõe-se, como observou Cláudia Perrone-Moisés, à lógica do Lótus, tal como decidido em 1927 pela Corte Permanente de Justiça Internacional que realçou que o Direito Internacional governa as relações de coexistência entre Estados independentes. Nessa lógica, a soberania do Estado e a legitimidade de suas ações devem ser presumidas. Essa presunção e suas correspondentes imunidades de jurisdição foram afastadas pela lógica de Nuremberg, que entrou no mérito da inaceitabilidade da conduta individual dos responsáveis pelo Estado nazista alemão.[24] Na mesma linha, atuou em Jerusalém o Tribunal que julgou Eichmann em processo enquadrável no âmbito do Direito Internacional Penal.

Em segundo lugar, Nuremberg não acatou a alegação de retroatividade e do tradicional princípio da estrita legalidade do Direito Penal expresso no *nullum crimen sine lege*. Afastou o postulado do *favor rei*, que beneficia o acusado, e afirmou o postulado do *favor societatis*, que beneficia a sociedade na tutela de formas extremas de criminalidade como as capituladas no Estatuto do Tribunal de Nuremberg, em especial crimes contra a paz e crimes contra a humanidade.[25]

Na mesma linha, atuou o Tribunal de Jerusalém, pois a lei israelense, com base na qual exerceu sua jurisdição, se inspirou em Nuremberg, agregando a especificidade de crimes contra o povo judeu, vitimado pelo Holocausto – um delito, segundo a lei israelense que incorporou todos os elementos caracterizadores no plano internacional do genocídio tipificado como crime pela Convenção de 1948 para sua Prevenção e Repressão.[26]

Nuremberg tratou apenas marginalmente do Holocausto, como observou Hannah Arendt. Em contraste, o julgamento de Eichmann

---

[24] Cf. Cláudia Perrone-Moisés, *Direito Internacional Penal: imunidades da jurisdição e anistia*. Barueri (SP): Manole, 2012; cf. meu prefácio também inserido em Celso Lafer, *Direitos Humanos: um percurso no Direito no século XXI*, op. cit., vol. 1, pp. 86-105.

[25] Cf. Antonio Cassese, *International Criminal Law*. Oxford: Oxford University Press, 2003, pp. 136-149.

[26] Idem, p. 97.

em Jerusalém teve como foco o Holocausto e é um dos raros casos da jurisprudência em que o genocídio foi examinado com atenção consistente.[27] Também em Jerusalém foi abundante no processo o depoimento das vítimas do Holocausto que deram voz em seu testemunho ao mal que padeceram.

Por isso, a propósito do testemunho, Hannah Arendt retificou – como observa Adriano Correia, fazendo referência à carta de 20 de setembro de 1963, que ela escreveu para Mary McCarthy – o que dissera em *Origens do totalitarismo* sobre os campos de concentração como "buracos do esquecimento". Assim escreveu em seu relato sobre o caso Eichmann: "Os buracos do esquecimento não existem. Nada humano é tão perfeito, e simplesmente existem no mundo pessoas demais para que seja possível o esquecimento. Sempre sobram homens para contar a história".[28]

Essa faceta reveladora do testemunho não ocorreu em Nuremberg, que deu prioridade no decorrer do processo à força probante dos documentos e às vítimas, que eram figuras sem voz que apenas apareceram num filme sobre a libertação de campos de concentração, como observou Leora Bilsky.[29]

Em contraste, em Jerusalém, a voz das vítimas, pelo testemunho dos sobreviventes do Holocausto, foi a base com a qual o promotor Gideon Hausner conduziu a acusação. Esta teve como objetivo subsumir o Holocausto como a forma extrema que assumiu o antissemitismo enquanto parte do capítulo imemorial da perseguição aos judeus no correr da História. A posição de Gideon Hausner foi juridicamente facilitada pela lei israelense que tratou dos crimes contra o povo judeu, como uma especificidade do crime de genocídio.

---

[27] Cf. Idem, p. 92; Deborah Lipstadt, *The Eichmann Trial*. Nova York: Schocken Books, 2011, p. 192.
[28] Hannah Arendt, *Eichmann em Jerusalém*, op. cit., p. 254.
[29] Leora Bilsky, "Between Justice and Politics, the competition of story tellers in the Eichmann Trial". In: Steven E. Aschheim (Org.), *Hannah Arendt in Jerusalem*, op. cit., pp. 246, 249.

PREFÁCIO

Hannah Arendt foi muito crítica do promotor. Para ela, o antissemitismo explica a escolha das vítimas, mas não a natureza de um crime sem precedentes, de alcance universal, que resultou das características únicas do funcionamento do totalitarismo no poder, analisadas em *Origens do totalitarismo*.[30]

Há, no entanto, no processo de Nuremberg, o depoimento de uma voz que passou pela experiência do sistema nazista de extermínio em massa. Cabe mencioná-la neste prefácio porque é esclarecedora da natureza do crime que Hannah Arendt se empenhou em analisar em seu relato.

Trata-se do depoimento de A. Sutzkever, grande poeta *litvak* da língua iídiche que viveu no gueto de Vilna, presenciou sua destruição, se tornou depois um *partisan* nas florestas da Lituânia e foi subsequentemente para a União Soviética, onde teve a acolhida do escritor Ilya Ehrenburg, de quem ficou amigo. Foi Ehrenburg, que era então um escritor influente e membro do Comitê Judaico Antifascista na União Soviética, quem propugnou, com sucesso, para que Sutzkever fosse a Nuremberg para depor. Foi assim que, por iniciativa do promotor soviético Smirnov, Sutzkever compareceu como testemunha e deu seu depoimento de 38 minutos no Tribunal de Nuremberg, em 27 de fevereiro de 1946.

O depoimento de Sutzkever, dado em russo, é uma narrativa precisa do sistema de assassinato em massa, inteiramente planejado de antemão e aplicado em Vilna e em seu entorno durante o domínio nazista na Lituânia. Foi dado com emoção contida – ele diz em seu Diário que o fez em pé e não sentado, que era o usual, como se estivesse dizendo um *kaddish* pelos mortos e apelando para o anjo da linguagem para que seu uso do russo exprimisse o que melhor poderia transmitir em

---

[30] Leora Bilsky, "Between Justice and Politics, the competition of story tellers in the Eichmann Trial", op. cit., pp. 212-252; Celso Lafer, "Reflexões sobre a atualidade da análise de Hannah Arendt sobre o processo Eichmann". In: *Direitos Humanos: um percurso no Direito no século XXI*, op. cit., vol. 1, pp. 205-223; Hannah Arendt, *Eichmann em Jerusalém*, op. cit., pp. 291-292.

iídiche. A emoção contida não obscureceu a clareza de sua narrativa ao tratar do tema arendtiano dos fatos referentes a massacres e assassinatos organizados pelo aparelho do Estado nazista.[31]

Fiz referência ao depoimento do poeta Sutzkever em Nuremberg porque acho que Hannah Arendt nele identificaria a "brilhante honestidade" que encontrou no depoimento de Grynspan no processo de Jerusalém. Adriano Correia menciona-o neste livro também fazendo uma remissão à carta que ela escreveu a seu marido Heinrich Blücher em 25 de abril de 1961.[32]

IV

Na elaboração dos estatutos do Tribunal de Nuremberg e no andamento do processo, dois eminentes juristas de origem judaica, nascidos na Polônia, tiveram um papel relevante: Hersch Lauterpacht e Rafael Lemkin. Ambos se empenharam no esforço da tipificação, com criatividade jurídica, de um crime sem precedentes que não era subsumível nem pela *analogia legis* da categoria de homicídio qualificado, nem pela analogia juris dos princípios gerais do Direito, em função da ruptura da tradição do pensamento jurídico, que é parte integrante da erosão da tradição, tema recorrente em Hannah Arendt.

Ao preenchimento dessa lacuna no sistema jurídico do Direito Internacional, os dois se dedicaram numa dialética de mútua complementariedade, por meio da conceituação de crimes contra a humanidade e crime de genocídio, como examina detidamente e com sensibilidade Philippe Sands em luminosa obra.[33]

---

[31] Cf. Abraham Sutzkever, "Nuremberg: Diary Notes". In: *From the Vilna Ghetto to Nuremberg – Memoir and Testimony*. Edited and translated by Justin A. Cammy, afterword by Justin A. Cammy and Avraham Novershtern. Montreal: McGill Queen's University Press, 2021, pp. 237-281.

[32] Hannah Arendt, *Eichmann em Jerusalém*, op. cit., p. 251.

[33] Philippe Sands, *East and West, on the origins of Genocide and Crimes against humanity*. Nova York: Knopf, 2011.

PREFÁCIO

Adriano Correia trata de Lauterpacht e Lemkin no primeiro capítulo deste livro, no contexto da parte dedicada à jurisdição sobre o *hostis humani generis*. Examina com muito conhecimento as fontes e as aplicações desse conceito de inimigo do gênero humano que teve papel de relevo no caso Eichmann como um componente do Direito Internacional Penal. A essas considerações voltarei mais adiante neste prefácio.

No momento, o que cabe apontar da análise de Adriano Correia é que Lauterpacht, valendo-se da Convenção de Nyon de 1937, atribuiu maior amplitude à luta coletiva contra um "inimigo da humanidade" e, em contraposição a Carl Schmitt, aceitava a analogia com a pirataria e o conceito de inimigo da humanidade no caso de ofensas politicamente motivadas. Daí o desdobramento que se traduziu no conceito de crimes contra a humanidade no Tribunal de Nuremberg. O conceito teve a inspiração de Lauterpacht, que foi muito influente no andamento do processo, como aponta Adriano Correia. Este também indica como Lemkin, ao cunhar o termo genocídio, deu igualmente a conhecer no plano jurídico uma sensibilidade judaica em relação ao Holocausto.

A isso agrego que Lauterpacht foi um consagrado professor de Direito Internacional em Cambridge, um *insider* no mundo da Inglaterra, que, como registra Adriano Correia, teve influência na atuação inglesa em Nuremberg. Subsequentemente veio a ser juiz da Corte Internacional de Justiça. A Lauterpacht se deve, assim, a formulação do conceito de crimes contra a humanidade, que por sua vez se insere em sua contínua dedicação ao Direito Internacional da Pessoa Humana.

Lemkin foi advogado, promotor em Varsóvia, partícipe na década de 1930 dos principais eventos europeus dedicados ao Direito Internacional Penal e professor. Foi mais um *outsider* do que um *insider* nas instâncias que percorreu. Logrou instalar-se nos EUA em 1941, onde lecionou e publicou, em 1944, *Axis Rule in Occupied Europe*. A ele se deve – ao cunhar o termo pela primeira vez nesse livro – o conceito de genocídio[34] – do grego *genos* (tribo, raça) e do latim

---

[34] Carmelo Domenico Leotta, *Il Genocidio nel Diritto Penale Internazionale – dagli scritti di Raphael Lemkin all Statuto di Roma*, op. cit., pp. 45-49.

cídio (do verbo *caedere,* tombar, matar), por aproximação analógica com homicídio. Foi o que conferiu ao Holocausto uma dimensão coletiva e não apenas individual. Há referências ao conceito de genocídio no correr do processo de Nuremberg, mas ele só foi consagrado no Direito Internacional mais adiante, com a Convenção de 1948 sobre sua Prevenção e Repressão. Esta resultou de uma incansável, pertinaz e bem-sucedida defesa da importância da Convenção por parte de Lemkin em instâncias nacionais e internacionais.[35]

Existem diferenças e também afinidades entre genocídio e crimes contra a humanidade. Ambos foram indicados e tipificados posteriormente ao livro de Hannah Arendt no Estatuto de Roma do Tribunal Penal Internacional de 1998, que trata do crime de genocídio em seu artigo 6º e dos crimes contra a humanidade em seu artigo 7º. Com efeito, há superposição potencial entre os elementos objetivos dos dois crimes: as atrocidades que atingem as pessoas perpetradas pelos indiciados – *actus reus*, os atos dos réus. O que os diferencia, como aponta Cassese, é a *mens rea*, a intenção. Esta faz do genocídio, na esteira da Convenção de 1948, uma categoria própria dos crimes contra a humanidade, com uma dimensão coletiva, posto que requer o dolo especial da agravada intenção criminosa da destruição, no todo, ou em parte, de um grupo nacional, étnico, racial ou religioso.[36] Estas duas dimensões perpassam o relato de Hannah Arendt.

V

Na perspectiva de um professor de Direito, examinei com certo vagar a moldura jurídica originária do Tribunal de Nuremberg. Essa

---

[35] Cf. Olivier Beauvallet, *Lemkin face au génocide.* Paris: Michalon Éditions, 2011; Raphael Lemkin, *Totally Uuofficial, the autobiography of Raphael Lemkin.* Edited by Donna-Lee Friezer. New Haven: Yale University Press, 2013. Nessa autobiografia (pp. 136, 161), Lemkin registra seus contatos com Gilberto Amado, delegado do Brasil na discussão e negociação da Convenção.

[36] Antonio Cassese, *International Criminal Law*, op. cit., pp. 103, 106-107.

PREFÁCIO

moldura é o pano de fundo, como mencionei, de relevantes preocupações de Hannah Arendt e que informam seu relato e inscrevem o caso Eichmann, decidido pelo Tribunal de Jerusalém, no âmbito jurisprudencial do Direito Internacional Penal.

Agora, o que me cabe fazer, como arendtiano, na conclusão deste prefácio é realçar a contribuição específica de Adriano Correia neste livro no trato das muitas controvérsias jurídicas presentes em *Eichmann em Jerusalém: um relato sobre a banalidade do mal*.

Entre elas, a discussão se o julgamento de Eichmann baseado na jurisdição de um tribunal israelense se preocupou em fazer justiça ou teve a dimensão de uma vingança das vítimas no que se refere à sua conduta; o quanto o Tribunal de Jerusalém, cujo público mais abrangente foi o mundo, se caracterizou por ter sido ao mesmo tempo um juízo criminal e um julgamento histórico sobre o Holocausto; em que medida um tribunal nacional – e não internacional – tem a autoridade e a apropriada competência para se pronunciar em nome da humanidade.

Todas estas facetas são bem examinadas neste livro de Adriano Correia, mas, em meu entender, o ponto alto é a originalidade e o conhecimento com os quais conferiu uma fundamentação ontológica à razão de ser do tipo penal de crimes contra a humanidade, agravado pela intencionalidade do dolo inerente ao crime de genocídio. Nessa empreitada, era preciso esclarecer, como pontua desde a "Introdução", a que se refere "a noção de humanidade implicada no crime contra a humanidade"?

Na leitura de Adriano Correia, para Hannah Arendt – que era uma grande pensadora, mas sem "legal training" –, o que estava em jogo no debate jurídico-ontológico do processo Eichmann era "a própria concepção sobre que humanidade era violada pelos crimes contra a humanidade" e porque sem *humanitas* o mundo, no qual incidiram os inéditos tipos penais contemplados no Estatuto do Tribunal de Nuremberg, se vê destituído de sua constitutiva pluralidade e diversidade, em que se insere a plenitude arendtiana da condição humana.

Adriano Correia indica como a raiz do nexo arendtiano entre a humanidade e o Direito se encontra na reflexão sobre "o direito a ter direitos" em *Origens do totalitarismo*. Na análise sobre a experiência totalitária e seus desdobramentos, a propósito da tutela dos direitos humanos, Hannah Arendt postula a exigência de um novo *nomos* da Terra. Este não poderia lastrear-se no horror do experienciado ou na Natureza ou na História. Requer como fundamento uma garantia da própria humanidade.[37]

Ela aflora o significado do tema da humanidade como garantia de um novo *nomos* da Terra num texto de 1945, "Culpa organizada e responsabilidade universal", numa primeira tentativa de examinar o crime do assassinato administrativo de massas. Aponta que, em termos políticos, a ideia de humanidade implica não excluir nenhum povo. É a única garantia de que uma após outra a "raça superior" não se sinta obrigada a seguir a "lei natural" dos poderosos e exterminar as "raças inferiores" indignas de sobrevivência.[38] Daí a pertinência no relato sobre o processo Eichmann do tema Humanidade e Direito na situação extrema do Holocausto.

Hannah Arendt refletiu sobre o tema da humanidade em tempos sombrios em seu texto de 1959 sobre Lessing e dele trata igualmente nos dois ensaios de 1957 e 1958 dedicados a seu mestre Karl Jaspers. Todos os três, mencionados por Adriano Correia, subsequentemente foram abrigados no livro de 1967, *Homens em tempos sombrios*.[39]

Diz Hannah Arendt que "para explorar o espaço da *humanitas* que se converteu em seu lar, Jaspers precisou dos grandes filósofos".[40] Em seu tema recorrente da vontade de comunicação ilimitada e de sua compreensibilidade universal, examina a unidade e a solidariedade

---

[37] Hannah Arendt, *Origens do totalitarismo*, op. cit., pp. 13, 332.
[38] Idem, *Compreender: formação, exílio e totalitarismo*. Org. de Jerome Kohn; trad. de Denise Bottmann. São Paulo: Companhia das Letras; Belo Horizonte: Editora UFMG, 2008, p. 160.
[39] Idem, *Homens em tempos sombrios*. Trad. de Denise Bottmann. São Paulo: Companhia das Letras, 1987.
[40] Ibidem, p. 73.

no âmbito da humanidade. Aponta que não consiste num acordo sobre uma única religião, uma única filosofia, uma única forma de governar. Lastreia-se na crença "de que o múltiplo aponta para um Uno, simultaneamente oculto e revelado pela diversidade".[41]

Faço uma nota de contextualização para registrar que Jaspers, em sua *Autobiografia filosófica*, realça a importância do que foi para ele sua amizade com Hannah Arendt; a solidariedade intelectual e humana que os uniu e a densidade, que, a partir de 1948, caracterizou seus diálogos, permeados por uma confiança sem restrições. Sobre esses diálogos, para os propósitos deste prefácio, anoto que Raymond Aron, em texto sobre Jaspers e a política, sublinha em sua reflexão o significado de "situação-limite" – como o risco de destruição da espécie pela bomba atômica – e que o sentido da grande política deve tender para uma ordem mundial que se dê como objetivo o bem da humanidade e não os interesses egoístas de um Estado ou de uma raça. Por isso, os problemas da ordem mundial são os problemas da humanidade,[42] ou seja, para voltar a Hannah Arendt, o múltiplo que aponta para o uno.

O compartilhado apreço pelo tema da humanidade em situação-limite fez de Jaspers um relevante primeiro interlocutor de Hannah Arendt sobre conceitos jurídicos no processo Eichmann, como aponta Adriano Correia. Em carta a ele dirigida em 23 de dezembro de 1960, Arendt considera Eichmann um fora da lei, um *hostis humani generis*, como os piratas eram considerados. Em sua resposta, Jaspers, em carta de 31 de dezembro de 1960, observa que pode ser uma ideia apropriada, mas corre o risco da reminiscência do *odium humani generis* mencionado por Tácito na acusação que então se fazia aos cristãos. Pondera que um inimigo é ainda um alguém. Um perpetrador de crimes contra a humanidade é melhor em sua tonalidade, mas não é ideal. Considera, na linha dos escritos de Hannah Arendt, que

---

[41] Ibidem, p. 82.
[42] Raymond Aron, "Karl Jaspers et la Politique". In: *Raymond Aron – 1905-1983. Histoire et Politique – textes et témoignages*. Paris: Julliard/ Commentaire, 1985, pp. 530-538.

o crucial seria uma "consciência de si da humanidade". Em carta a Jaspers de 5 de fevereiro de 1961, observa Hannah Arendt que sua teoria ligada à penalização da pirataria não funciona, pois o pirata atua por motivos privados. No entanto, o conceito de *hostis humani generis*, seja como for traduzido, é mais ou menos indispensável para o processo e deve apontar para um crime contra a humanidade, e não para crimes contra o que é humano.[43]

A inadequação de "uma inequívoca voz da consciência" ou a mais vaga linguagem dos juristas de um "sentimento geral de humanidade" é apontada por Hannah Arendt em seu livro *Eichmann em Jerusalém*, em breve referência a Lauterpacht.[44]

É assim, para o aprofundamento da dimensão jurídico-ontológica dos crimes examinados no Tribunal de Jerusalém, depois de aflorar a matéria na correspondência com Jaspers, que Hannah Arendt irá dedicar-se ao tema em seu livro, como Adriano Correia analisa com larga visada cultural.

A primeira observação que considero relevante fazer é o escrúpulo filológico com o qual Adriano Correia conduz sua análise. Trata-se de um escrúpulo meritório, já que, para Hannah Arendt, como ela disse a Macpherson em colóquio sobre sua obra em Toronto, a palavra não apenas comunica, mas revela, pois tem uma relação muito forte com o que denota.[45]

Daí a relevância por ela examinada da distinção entre *Menschlichkeith* e *Menschheit* – que aparece na edição alemã de *A condição humana* –, discutida no processo. Para Servatius, o advogado de defesa de Eichmann, os termos em alemão são usados indistintamente e correspondem ao inglês *humanity*, contemplado no Estatuto de

---

[43] Hannah Arendt; Karl Jaspers, *Correspondence 1926-1969*. Edited by *Lotte* Kohler and Hans Saner; translated from the German by Robert and Rita Kimber. Nova York: Harcourt Brace Jovanovich, 1992, Letter 274, p. 414; Letter 275, p. 419; Letter 277, p. 423.

[44] Hannah Arendt, *Eichmann em Jerusalém*, op. cit., p. 166.

[45] Idem, *Thinking without a banister: essays in Understanding, 1953-1975*, op. cit., p. 461.

Nuremberg. Para o juiz Landau, que, nascido na Alemanha e educado na Europa, sabia alemão, cabia realçar que a palavra em hebraico empregada pelas leis israelenses era *Enoshut*, correspondente ao alemão *Menscheit*, e o processo devia ser guiado pela linguagem da lei.

Vale apontar que o juiz Landau conduziu o processo com envergadura e altitude, na avaliação generalizada dos que examinaram a matéria. Inspirou reverência, requeria precisão na fala e corrigia, dependendo das circunstâncias, a linguagem das pessoas.[46]

Para Adriano Correia, a distinção entre os dois termos em Hannah Arendt não é uma tecnicalidade de tradução; denota coisas distintas.

Com efeito, como escreveu Hannah Arendt numa passagem de abril de 1970 de seu *Diário do pensamento*, a clarificação que ocorre no processo do pensar provém de distinções e não de associações.[47]

Assim, uma coisa era a falta de sentido de humanidade, de empatia, de compaixão, os atos desumanos como a discriminação e a perseguição para os quais havia tantos precedentes. Outra, eram crimes contra a humanidade, agravados pelo dolo intencional do genocídio, que representa "um ataque à diversidade humana enquanto tal, isto é, uma característica do 'status humano', sem a qual a palavra humanidade perde sentido".[48]

É a relevância do escrúpulo filológico de Adriano Correia no trato da distinção dos dois termos que vai ajudá-lo na resposta à sua pergunta básica: o que é a humanidade que se vê violada nos crimes contra a humanidade?

Na resposta a essa pergunta, Adriano Correia seguiu os caminhos que guiaram Hannah Arendt em seus ensaios, que são exercícios de pensamento político, reunidos em *Entre o passado e o futuro*. Neles ela se empenhou em desvendar e destilar as verdades contidas nas origens

---

[46] Cf. Hanna Jablonka, *The State of Israel vs Adolf Eichmann*. Nova York: Schocken Books, 2004, pp. 134-135.

[47] Hannah Arendt, *Journal du Pensée, vol. 2, 1954-1973*. Ed. de Ursula Ludz e Ingeborg Nordmann; trad. do alemão e do inglês por Sylvie Courtine-Denamy. Paris: Seuil, 2005, p. 962.

[48] Idem, *Eichmann em Jerusalém*, op. cit., p. 291.

de conceitos tradicionais da linguagem política que se tornaram ralos com as rupturas históricas de um século de extremos.[49] Foi o problema com o qual se confrontou Adriano Correia neste livro ao abordar o conceito de humanidade na situação-limite subjacente à realidade do Holocausto.

Na introdução à edição comemorativa do cinquentenário da primeira edição brasileira de *Entre o passado e o futuro*, destaquei que os ensaios aí reunidos têm algo do pescador de pérolas que ela realça no modo como seu amigo Walter Benjamin, por meio dos fragmentos de suas citações, ausculta o presente em tempos sombrios.[50] De maneira semelhante procedeu Adriano Correia para desvendar o que é a humanidade que se vê violentada e afrontada nos crimes contra a humanidade.

Na busca do sentido originário dos conceitos, Hannah Arendt sempre recorreu à herança dos clássicos, o que, no caso dela, consistiu em atribuir importância tanto à Grécia quanto a Roma, identificando no latim especificidades, elementos distintos do que denota o grego. Assim, por exemplo, destaca que "autoridade", *auctoritas*, é uma palavra e um conceito romano; não tem termo equivalente na língua grega nem nas experiências políticas da história grega.[51] Da mesma maneira, como ela sublinha, não há em língua grega nenhuma palavra correspondente ao latim *humanitas*, e a palavra grega "filantropia", *philanthropía*, "amor dos homens", tem outra denotação.[52]

---

[49] Idem, *Entre o passado e o futuro*. Trad. de Mauro W. Barbosa de Almeida. São Paulo: Perspectiva, 2022, p. 54.

[50] Celso Lafer, "Cinquenta anos da publicação de Hannah Arendt no Brasil". In: Hannah Arendt, *Entre o passado e o futuro*, op. cit., p. 28; Hannah Arendt, *Homens em tempos sombrios*, op. cit., pp. 133-171.

[51] Hannah Arendt, *Entre o passado e o futuro*, op. cit., p. 171; cf. Barbara Cassin, "Grecs et Romains: les paradigmes de l'Antiquité chez Arendt et Heidegger". In: *Ontologie et Politique. Actes de Colloque Hannah Arendt*. Ed. de Miguel Abensour *et al.* Paris: Tierce, 1989, pp. 17-39.

[52] Hannah Arendt, *Entre o passado e o futuro*, op. cit., p. 318; Idem, *Homens em tempos sombrios*, op. cit., p. 31.

PREFÁCIO

Adriano Correia, como qualificado arendtiano, tem clara consciência do relevo da herança latina no pensamento de Hannah Arendt. É por essa razão que, na garimpagem das origens do conceito de humanidade, as referências a Cícero são tão significativas neste livro. Aparecem desde o início quando se refere ao jurista medieval Bartolo de Saxoferrato, para indicar que a expressão *hostis humani generis*, associada à pirataria, provém do *communis hostis omnium* de Cícero. Este se contrapõe a *societas generis humani* que, na acepção da "soma total dos seres humanos" – *mankind* –, Adriano Correia traduz como "humanidade".[53]

É a intuição inicial da importância do conceito de *hostis humani generis* no julgamento de Eichmann, apontada por Hannah Arendt em sua já mencionada carta a Jaspers, de 5 de fevereiro de 1961, que Adriano Correia vai examinar, em seus desdobramentos, neste livro.

Com efeito, é a impugnação da existência de uma plenitude dos seres humanos que em Hannah Arendt confere a fundamentação ontológica da razão de punir dos crimes contra a humanidade, agravados pela intencionalidade do dolo do genocídio, voltado para o extermínio, no todo ou em parte, de um grupo nacional, étnico, racial ou religioso. É o que deflui, coerentemente, do relacionamento do conceito de pluralidade, que é uma nota identificadora de seu pensamento, com o tema da humanidade, tal como é discutido em seu relato sobre o processo Eichmann.

Em *O que é política?*, que reúne textos anteriores ao livro sobre o processo Eichmann, Hannah Arendt afirma: "só pode haver mundo no verdadeiro sentido onde a pluralidade do gênero humano seja mais do que a simples multiplicação de uma espécie". Essa afirmação é feita no contexto em que, tratando da guerra de extermínio, destaca que só surge o mundo porque há perspectivas de uma pluralidade de ângulos e, se um povo, um Estado ou um determinado grupo de homens é exterminado, uma parte do mundo é aniquilada, pela destruição da constitutiva pluralidade e diversidade do mundo e da visão a eles

---

[53] Idem, *A condição humana*, op. cit., p. 29.

inerente.⁵⁴ "Somos do mundo e não estamos apenas nele", como dirá em *The life of the mind*.⁵⁵ Por isso, é preciso preservá-lo.

É por isso mesmo que, com toda a pertinência, Adriano Correia conclui que *humanitas* para Hannah Arendt é amor ao mundo e aos seres plurais que nele habitam. Por via de consequência, explica-se a *ratio* da tutela jurídica dos seres humanos que compõem a humanidade. Acrescento que ele aponta que, no trato do tema, Cícero e Jaspers foram instigações inspiradoras de Hannah Arendt – e não Platão e Heidegger, que não se dedicaram ao *amor mundi*.

Pode-se também destacar, a propósito de Jaspers, que ele foi o orientador da tese de doutoramento de Hannah Arendt em Heidelberg, *O conceito de amor em Santo Agostinho* (1929). Esta teve um papel importante em suas subsequentes reflexões sobre o *amor mundi* e o conceito de humanidade. Na tese, Hannah Arendt explora a aproximação que Santo Agostinho propõe entre o amor ao próximo e o amor a Deus, afirmando não ser possível um sem o outro. No trato de *vita socialis*, ela aponta que é da comunidade de todos os povos, a qual remonta a Adão, que se forma e se constitui o *mundus* – mundo – a que chegamos pela natalidade. O amor ao próximo – *dilectio proximi* – passa pela experiência fundamental da "consciência do gênero humano", da qual provém a experiência do mundo comum, relevante para a elaboração do conceito de humanidade.⁵⁶

Uma palavra final para arrematar este prefácio, que se alongou pela relevância dos temas e pelo gosto de dialogar com a qualidade e a substância deste livro de Adriano Correia.

---

⁵⁴ Idem, *O que é política?*. Fragmentos de obras póstumas compiladas por Ursula Ludz. 2. ed. Rio de Janeiro: Bertrand, Brasil, 1999, pp. 108, 109.

⁵⁵ Idem, *The life of the mind*, vol. 1, *Thinking*. Nova York: *Harcourt* Brace Jovanovich, 1978, p. 22.

⁵⁶ Idem, *Love and Saint Augustine*. Edited *and with an Interpretative Essay by Joanna Vecchiarelli Scott and Judith Chelius Stark*. Chicago: Chicago University Press, 1996, p. 103; Elizabeth Young-Bruehl, *Hannah Arendt for love of the world*, op. cit. – appendix 3, p. 498.

PREFÁCIO

Hannah Arendt, no fecho de seu relato, ofereceu uma formulação própria da sentença. Essa formulação não tem a característica de um juízo jurídico, nem seria razoável que tivesse, pois ela não tinha "legal training", como foi mencionado. Tem a natureza de um juízo reflexivo que extrai da particularidade do processo Eichmann seu alcance geral, na linha do que elaborou sobre o julgar, numa época em que a ruptura tornou os universais fugidios. Na conclusão de sua sentença, ela explicita, por meio de um juízo reflexivo, como tantos que permeiam sua obra, o fundamento ontológico da razão de punir do surpreendente caráter inédito do assassinato em massa, tipificado nos crimes contra a humanidade, agravado pelo dolo do genocídio, que denega – para falar com Kant – a hospitalidade universal à face da Terra.

> [...] assim como você apoiou e executou uma política de não compartilhar a face da Terra com o povo judeu e com o povo de diversas outras nações – como se você e seus superiores tivessem o direito de determinar quem devia e quem não devia habitar o mundo – consideramos que ninguém, isto é, nenhum da raça humana haverá de querer compartilhar a Terra com você. Esta é a razão, e a única razão pelo que você deve morrer na forca.[57]

CELSO LAFER

Professor emérito da Faculdade de Direito da Universidade de São Paulo e membro da Academia Brasileira de Letras

---

[57] Hannah Arendt, *Eichmann em Jerusalém*, op. cit., p. 302.

INTRODUÇÃO

Hannah Arendt, ao responder às perguntas do jornalista Samuel Grafton – no contexto da repercussão da publicação de seu livro reportagem *Eichmann em Jerusalém: um relato sobre a banalidade do mal*, em uma entrevista de 1963 cuja publicação ela acabou proibindo – acrescentou uma pergunta às feitas por ele e a respondeu em primeiro lugar: "por que eu, uma escritora e professora de filosofia política que nunca tinha feito um trabalho como repórter, quis ir a Jerusalém para o julgamento de Eichmann?". Ela respondeu que, para além do "fato óbvio" de ser uma das "sobreviventes", suas motivações eram as seguintes: "queria ver com meus próprios olhos um dos principais culpados em carne e osso"; tinha interesse sobre "as possibilidades de se fazer justiça por meio de nosso sistema legal e nossas instituições legais quando confrontados com este novo tipo de crime e de criminoso"; e "eu penso há muitos anos – trinta, para ser específica – a respeito da natureza do mal. E o desejo de me expor – não aos atos, que, afinal, eram bem conhecidos, mas ao próprio malfeitor – foi provavelmente o motivo mais poderoso em minha decisão de ir a Jerusalém"[58].

Arendt já era uma pensadora bastante conhecida na cena intelectual estadunidense e europeia quando se ofereceu como repórter para cobrir o julgamento de Eichmann em Jerusalém. Ela já havia

---

[58] ARENDT, *Respostas às perguntas de Samuel Grafton*, pp. 769-770.

publicado *Origens do totalitarismo* (1951), que a tornou bastante reconhecida mundo afora, e *A condição humana* (1958), que imediatamente provocou notável impacto no meio acadêmico da filosofia e da ciência política, além de interessados por teoria política em geral. Além disso, ela publicava há mais de quinze anos intervenções nos debates políticos gerais nos EUA e também sobre "política judaica", incluindo o debate em torno da fundação do Estado de Israel, no qual defendeu sempre a solução de um Estado binacional.

Quando ela se apresentou a William Shawn – editor da revista *The New Yorker*, já na época, como ainda hoje, uma das mais importantes na cena cultural estadunidense –, se oferecendo para cobrir o julgamento como repórter, ele ficou entusiasmado com ter "uma correspondente tão ilustre e bem informada"[59]. Karl Jaspers, orientador de sua tese de doutorado, amigo e principal interlocutor direto dela nos debates sobre as questões jurídicas do Caso Eichmann, temia que o julgamento a perturbasse e também a avaliação crítica dela, recomendando que se manifestasse o mínimo[60]. Mary McCarthy, renomada escritora estadunidense e uma de suas amigas mais próximas, considerou a notícia de que Arendt iria acompanhar o julgamento "maravilhosa e estranha", despertando "aprovação e receio"[61].

Arendt estava presente em Jerusalém quando o julgamento começou, no início de abril de 1961, ocasião em que viu Eichmann pela primeira vez. Já nas primeiras cartas em que reportou suas impressões iniciais, poucos dias após ter chegado, os temores de que seu envolvimento com o julgamento poderia não acabar bem se reforçaram. Ela escreveu a Jaspers e Heinrich Blücher, seu esposo, quase nos mesmos termos, descrevendo depreciativamente a multidão que se aglomerou no entorno do edifício onde ocorria o julgamento e quase tudo o que viu em Israel, com exceção de seus parentes e vários amigos de longa data. Descreveu Eichmann como um "fantasma resfriado" que

---

[59] YOUNG-BRUEHL, *Hannah Arendt: por amor ao mundo*, p. 295.
[60] ARENDT; JASPERS, *Briefwechsel*, p. 440 (14/10/1960).
[61] ARENDT; MCCARTHY, *Entre amigas*, p. 114 (26/10/1960).

"sequer é assustador"; o promotor Gideon Hausner como um exibicionista antipático com comportamentos espetaculares, a cometer erros grosseiros (ele teria arranjado com o primeiro ministro Ben Gurion para o julgamento durar até o "Juízo Final"); o advogado de defesa, Robert Servatius, como "ensebado, escorregadio, esperto e objetivo"; o juiz Moshe Landau como maravilhoso, junto a seus outros dois pares, "todos judeus alemães"; os alemães que acompanhavam o julgamento como "filosemitas de revirar o estômago" (ela relatou com desdém que o prefeito de Frankfurt e sua esposa teriam deixado o filho e um amigo dele em um *kibutz* e relatou com desconforto que um jornalista alemão a teria abraçado, "soluçando alto", dizendo "nós que fizemos isto etc.")[62].

Essas impressões do primeiro dia se consolidaram ao longo do julgamento, aparecendo enfim com maior ou menor ênfase em *Eichmann em Jerusalém: um relato sobre a banalidade do mal*, publicado em cinco partes na revista *The New Yorker* entre fevereiro e março de 1963 (indicando que "filósofos não cumprem prazos", como é mencionado no filme *Hannah Arendt*, de 2012, dirigido por Margarethe von Trotta). Logo a seguir, em maio, apareceu em formato de livro, com alterações menores. Os artigos e depois o livro despertaram fúria imediata, inicialmente na comunidade judaica, incluindo Israel, mas logo ultrapassando largamente esse público, ensejando uma duradoura e ruidosa polêmica que permaneceu sem trégua até 1966, arrefecendo sem silenciar até a morte de Arendt, em 1975. A polêmica em grande medida dissipou-se, consagrando a expressão "banalidade do mal" como uma das mais recorrentes da cultura geral, muitas vezes convertendo-se em um mero clichê para interpretar atos que são assustadores por seu ineditismo, sua magnitude ou sua disseminação.

Arendt certamente não imaginava que seu relato e a polêmica em torno dele tomaria a proporção que tomou, em grande medida pela reação coordenada dos "sobreviventes", entre os quais ela se

---

[62] ARENDT; BLÜCHER, *Within four walls*, pp. 354-355 (15/04/1961) e ARENDT; JASPERS, *Briefwechsel*, p. 435 (13/04/1960).

incluía. Ela foi acusada de defender Eichmann ao apresentá-lo como normal e de culpar os judeus por seu próprio extermínio ao destacar a cooperação de parte dos conselhos judaicos; de diminuir o heroísmo dos que lutaram ativamente contra o nazismo; de zombar do sofrimento das vítimas ao cunhar a expressão "banalidade do mal" e descrever Eichmann como um "palhaço"; de ofender os judeus de Israel ao associar o "idealismo" de Eichmann ao sionismo; de ser desmedidamente irônica no tratamento de um tema que exigiria circunspecção; de ser arrogante ao condenar a conduta de lideranças judaicas que colaboraram com o nazismo sem que ela tivesse estado na mesma situação extrema; de ridicularizar a condução do julgamento em Israel, definida por interesses nacionalistas e geopolíticos, e de não se dar conta da relevância dele para as vítimas. Com a polêmica em torno do livro, Arendt perdeu várias amizades de uma vida inteira e se viu em meio a uma torrente de ódio que chegou a exasperá-la[63].

Devido à polêmica, menos de um ano após o lançamento da reportagem como livro, Arendt fez uma extensa revisão de aspectos pontuais. Manteve, todavia, várias posições polêmicas, inclusive reforçando a hipótese mais controversa de que *"se o povo judeu fosse realmente desorganizado e sem líderes, teria havido caos e muita miséria, mas o número total de vítimas dificilmente teria ficado entre 4 milhões e meio e 6 milhões de pessoas"*[64]. Ela acrescentou a esta segunda edição um pós-escrito no qual enfrentou principalmente as questões jurídicas que considerava importantes, a maior parte delas já mencionada no epílogo da primeira edição. Neste epílogo, ela acusou a corte de colocar em segundo plano o objetivo inequívoco de um julgamento, que é "fazer justiça", para priorizar objetivos políticos estratégicos de Ben Gurion, tanto no plano nacional quanto no internacional. Isto teria obnubilado o fato de que "em juízo estão os feitos de Eichmann, não o sofrimento dos judeus, nem o povo alemão, nem a humanidade, nem

---

[63] Cf., por exemplo, ARENDT; McCARTHY, *Entre amigas*, p. 152 (16/09//1963) e pp. 160-161 (outono de 1963).

[64] ARENDT, *Eichmann em Jerusalém*, pp. 141-142, grifos meus.

mesmo o antissemitismo e o racismo"⁶⁵. Ela mencionou como objeções principais ao julgamento a controversa legitimidade ou adequação da lei sob a qual Eichmann fora julgado; a contestação da competência da corte (computando ainda o rapto internacional do acusado); e a estratégia da acusação, que focava em crimes "contra o povo judeu" em vez de em crimes "contra a humanidade". Tudo isto em conjunto teria mitigado a importância do julgamento como um precedente no direito internacional⁶⁶.

Apesar de reconhecer a grandeza dos juízes, a corte, para Arendt, fracassou no "problema da predefinição da justiça na corte dos vitoriosos; uma definição válida de 'crime contra a humanidade'; e um reconhecimento claro do novo tipo de criminoso que comete esse crime"⁶⁷. Ela criticou ainda a ausência de testemunhas de defesa, o esforço da promotoria por provar que Eichmann era um monstro e o empenho por vinculá-lo ao crime de assassinato, em vez "do crime novo de massacre administrativo"⁶⁸ que ele teria ajudado a perpetrar. Uma das dificuldades para compreender o também novo tipo de criminoso se traduzia no esforço por encontrar em suas palavras indícios de motivações deliberadamente criminosas, sem que se perceba

> o problema com Eichmann era exatamente que muitos eram como ele, e muitos não eram nem pervertidos, nem sádicos, mas eram e ainda são terrível e assustadoramente normais. *Do ponto de vista de nossas instituições e de nossos padrões morais de julgamento, essa normalidade era muito mais apavorante do que todas as atrocidades juntas*, pois implicava que – como foi dito insistentemente em Nuremberg pelos acusados e seus advogados – esse era um tipo novo de criminoso, efetivamente *hostis*

---

⁶⁵ Ibid., p. 15.
⁶⁶ BILSKY, "The Eichmann Trial: towards a jurisprudence of eyewitness testimony of atrocities", p. 4.
⁶⁷ ARENDT, *Eichmann em Jerusalém*, p. 297.
⁶⁸ Ibid., p. 318.

humani generis, que comete seus crimes em circunstâncias que tornam praticamente impossível para ele saber ou sentir que está agindo de modo errado[69].

No pós-escrito, Arendt mencionou a controvérsia em torno de sua reportagem e a "campanha organizada" contra ela, cuja finalidade ela supunha ser a de criar uma cortina de fumaça sobre as numerosas questões concernentes à responsabilidade moral e política, principalmente de parte da liderança judaica que cooperou com Eichmann, mas também de outros agentes nazistas como ele. Ela reiterou sua caracterização de Eichmann como alguém inteligente, mas ao mesmo tempo estúpido, no sentido de uma "total incapacidade de olhar qualquer coisa do ponto de vista do outro"[70] – não no sentido de não saber o que estava fazendo ou as consequências devastadoras de suas ações, mas no de ser incapaz de avaliar por conta própria o significado e as implicações mais amplas dos atos que perpetrava. As formulações de Arendt, aparentemente ingênuas juridicamente, muitas vezes dissonantes ou pouco convencionais em relação ao jargão da terminologia jurídica e mesmo com pontuais imprecisões não impediram David Luban de afirmar que

> nenhum teórico pensou de modo mais perspicaz que Arendt sobre o fundamento da responsabilidade criminal internacional em atrocidades em massa, quando milhares de perpetradores cometem atos que rotulamos de "manifestamente ilegais" sem considerarmos o quanto suscitam a questão sobre a razão de não serem manifestos para os perpetradores[71].

As profusas críticas de Arendt revelavam sua grande expectativa quanto à capacidade de um julgamento criminal para identificar

---

[69] Ibid., p. 299 (grifos meus).
[70] Ibid., p. 60. Cf. pp. 62 e 311.
[71] LUBAN, "Hannah Arendt as a theorist of international criminal law", p. 623.

INTRODUÇÃO

responsabilidades e estabelecer culpas criminais, mesmo onde o acusado e sua defesa recorrem a expedientes de desresponsabilização – a teorias como a dos "atos de Estado", da ação sob ordens superiores, da "culpa coletiva", da "teoria da engrenagem" ou da razão de Estado. Em um texto que publicou em 1964, intitulado "Responsabilidade pessoal sob a ditadura", Arendt enfatizou que, ao acompanhar o julgamento de Eichmann, constatou que a grande vantagem dos procedimentos de um tribunal é justamente a individualização da responsabilidade, mesmo em um sistema criminoso:

> na sala de um tribunal não está em julgamento um sistema, uma história ou tendência histórica, um ismo – o antissemitismo, por exemplo –, mas uma pessoa, e se o réu é por acaso um funcionário, ele é acusado precisamente porque até um funcionário ainda é um ser humano, e é nessa qualidade que ele é julgado. Obviamente, na maioria das organizações criminosas são os pequenos dentes da engrenagem que realmente cometem os grandes crimes[72].

Ademais, se os perpetradores, como Eichmann, alegassem que apenas obedeciam e que a obediência é uma virtude, se poderia aduzir a eles que obedecer é sempre consentir e legitimar e que mesmo em uma burocracia organizada de modo estritamente hierárquico "faria muito mais sentido considerar o funcionamento dos 'dentes da engrenagem' e das rodas em termos do apoio global a um empreendimento comum do que em nossos termos habituais de obediência aos superiores", pois *"não existe obediência em questões políticas e morais"*[73].

No que se segue buscarei enfrentar algumas das questões jurídicas levantadas pelo julgamento que permanecem pungentes, relevantes e atuais. O ponto de partida são sempre as reflexões de Arendt e as suas discussões com alguns dos seus interlocutores escolhidos, como Karl Jaspers e Yosal Rogat, mas também não planejados, como

---

[72] ARENDT, "Responsabilidade pessoal sob a ditadura", p. 93.
[73] Ibid., pp. 110-111, grifos meus.

Jacob Robinson, que atuou como um dos três auxiliares da acusação e escreveu um longo livro contrapondo ponto a ponto *Eichmann em Jerusalém*. Além disso, recorrerei frequentemente aos documentos do processo, priorizando as transcrições das sessões do julgamento e também do depoimento de Eichmann ao oficial da polícia de Israel, concedido ao longo de vários meses antes do início do julgamento. Também utilizarei recorrentemente a correspondência de Arendt, inédita ou publicada, com vários interlocutores. Priorizarei discussões sobre: as questões de jurisdição; a tipificação do criminoso e do crime; a noção de humanidade implicada no "crime contra a humanidade"; a polêmica em torno da punição adequada e especificamente da pena de morte; o impacto e o legado do julgamento; o desafio da responsabilidade pessoal em um sistema criminoso. Frequentemente problematizarei as posições de Arendt, mas sempre inspirado por sua convicção de que "se você diz a si mesmo em tais assuntos: quem sou eu para julgar? – você já está perdido"[74].

---

[74] Trecho extraído de anotações para uma palestra em janeiro de 1962, menos de um mês depois de o veredicto e a sentença serem anunciados e antes da escrita de *Eichmann em Jerusalém*. Citado por YOUNG-BRUEHL, *Hannah Arendt: por amor ao mundo*, p. 303.

1.
EICHMANN: DA QUEDA A JERUSALÉM

> Quem tem o direito de julgar com censura onde apenas um profeta o pode fazer?
>
> Carta de Jaspers a Arendt (14/12/1960)[75]

1.1. Da fuga ao rapto

Na noite de 11 de maio de 1960, Otto Adolf Eichmann foi capturado pelo serviço secreto israelense próximo à casa onde vivia com sua família na periferia de Buenos Aires, ao chegar de ônibus do trabalho, encerrando uma clandestinidade de quinze anos. Logo após a capitulação da Alemanha, em 8 de maio de 1945, Eichmann começou a organizar sua fuga, a despeito de lembrar desse momento, nas memórias que escreveria na prisão em Israel, nos seguintes termos: "senti que teria de viver uma vida individual difícil e sem liderança, não receberia diretivas de ninguém, nenhuma ordem, nem comando me seriam mais dados, não haveria mais regulamento algum pertinente para consultar – em resumo, havia diante de mim uma vida

---

[75] ARENDT; JASPERS, *Briefwechsel*, p. 448 (14/12/1960).

desconhecida"[76]. Ele cuidou de estabelecer sua família na Áustria, de dispersar seus comandados e empreender uma fuga que se revelou cheia de reviravoltas, na qual contou com numerosos auxílios.

Apesar de dizer em suas memórias que havia perdido o entusiasmo pela vida, Eichmann, mesmo após acabar preso ainda em 1945 pelas tropas dos EUA, encontrou formas de se proteger, ocultando sua identidade. Quando soube que seu nome e suas atividades no Departamento IV-B4 na Gestapo foram mencionados por Dieter Wisliceny, seu antigo colaborador, em um depoimento no Julgamento de Nuremberg, fugiu da prisão com auxílio de outros oficiais da SS, e, no início de 1946, começou a trabalhar como lenhador no norte da Alemanha, ocupação na qual permaneceu por dois anos. Deixou a empresa para a qual trabalhava após ela ter falido e passou então mais um ano na região criando galinhas e poupando dinheiro. Neste período, também foi mencionado por Rudolf Höss em um depoimento que o vinculou ao extermínio em Auschwitz. Era tido por trabalhador, correto e cortês pelos que tiveram contato com ele nesse período[77]. Sua esposa, Vera Liebl, e seus filhos viviam em Alt-Aussee, na Áustria, e eram constantemente vigiados, inclusive por caçadores de nazistas, como o renomado Simon Wiesenthal. Este chegou a conseguir impedir, em 1947, que Vera Liebl registrasse Eichmann como morto e assim eventualmente se encerrasse a procura por ele[78].

Tendo várias notícias de que estava sendo procurado, e com a autorização de entrada que havia conseguido para a Argentina em 1948 prestes a vencer, em 1950, Eichmann abandonou sua granja e fugiu da Alemanha para a Argentina, passando pela Itália, com passaporte fornecido pela Cruz Vermelha[79]. No trajeto para a Itália, hospedou-se

---

[76] ARENDT, *Eichmann em Jerusalém*, p. 43-44; cf. CESARANI, *Becoming Eichmann*, p. 201.
[77] CESARANI, *Becoming Eichmann*, p. 205.
[78] Ibid., p. 213.
[79] Ibid., pp. 208-210.

em monastérios e conventos, seguindo uma conhecida trilha que se beneficiava do catolicismo conservador anticomunista da Argentina, liderado pelo cardeal Antonio Caggiano. Ele era auxiliado em Roma pelo bispo Alois Hudal, simpatizante nazista de origem austríaca que escreveu em 1937 *Os fundamentos do nacional-socialismo*, no qual exaltava Hitler e buscava conciliar nazismo e cristianismo. Como revelou Uki Goñi[80], havia também um enorme envolvimento direto do governo de Juan Perón – principalmente por meio de Carlos Fuldner, ex-capitão germano-argentino da SS, que protagonizou a organização da rota de fuga de criminosos de guerra nazistas, em colaboração com lideranças do governo argentino e da Igreja Católica. Perón, além de ter contato estreito com lideranças pró-nazistas na Argentina, nutria a esperança de recrutar técnicos nazistas para desenvolver a força aérea argentina. Enfim,

> uma cadeia de ajudantes alemães, funcionários públicos argentinos, guardas de fronteira austríacos, escritórios de registros italianos, a Cruz Vermelha, homens dos círculos do Vaticano e influentes magnatas da navegação permitiram que as pessoas escapassem[81].

Eichmann partiu de Gênova em junho de 1950, em um navio, e chegou a Buenos Aires em julho. Beneficiando-se de uma rede de auxílio local de apoio a nazistas, Eichmann logo conseguiu documentos oficiais argentinos com o nome de Ricardo Klement, que constava nos documentos que recebeu da Cruz Vermelha, e empregou-se já em agosto na recém fundada empresa CAPRI (Companhia Argentina para Projetos e Realizações Industriais), de Carlos Fuldner, que iria construir uma usina hidrelétrica na província de Tucumán, a cerca de mil quilômetros de Buenos Aires. A empresa CAPRI ficou conhecida entre os argentinos principalmente por acolher tecnocratas do Terceiro

---

[80] GOÑI, *A verdadeira Odessa: o contrabando de nazistas para a Argentina de Perón*, p. 131ss.
[81] STANGNETH, *Eichmann before Jerusalem*, p. 79.

Reich. Eichmann levava em Tucumán uma vida razoavelmente confortável que parecia agradá-lo e, embora fosse bastante reservado, era rodeado por antigos pares da SS[82]. Pessoas que conviviam com ele lembravam que ele trabalhava diligentemente e interagia pouco com seus colegas[83]. No final de 1950, Eichmann contactou a esposa por meio dos pais dele, indicando que sentia que seu nome não estava mais em evidência e que a busca por seu paradeiro havia arrefecido. Vera Eichmann conseguiu sem problema um visto na embaixada argentina em Viena para ela e seus filhos. Em julho de 1952, passando também por Gênova, chegaram a Buenos Aires, onde Eichmann os esperava[84].

A família Eichmann/Klement viveu em Tucumán até meados de 1953, pois, em abril, o projeto de construção da hidrelétrica foi interrompido, devido a uma crise econômica na Argentina[85]. Ele, então, se mudou com a família para a periferia de Buenos Aires. Desempregado, Eichmann usou suas economias para investir em uma lavanderia, que acabou fechando, e em uma loja de tecidos, que também acabou falindo. Já descapitalizado, tentou trabalhar como gerente de transportes de uma empresa que produzia aparelhos sanitários, mas, apesar de sua experiência inusual com logística, isso também não deu certo. Trabalhou, então, administrando uma fazenda que criava coelhos, a 60 km de Buenos Aires, cuja propriedade era de um parente distante dele. Eichmann gostou de voltar ao campo – embora lamentasse a distância da família, que permaneceu em Buenos Aires –, mas por fim a fazenda também faliu, em 1958. Voltou à cidade e trabalhou em uma fábrica de fornos a gás de outro antigo nazista, Roberto Mertig, sócio da família Mengele[86]. Em 1959, conseguiu um emprego melhor como soldador e mecânico na fábrica da Mercedes Benz, que empregava numerosos antigos membros da SS, em um

---

[82] Ibid., pp. 106-107.
[83] CESARANI, *Becoming Eichmann*, p. 210.
[84] GOÑI, *A verdadeira Odessa*, p. 314.
[85] Ibid., p. 315.
[86] STANGNETH, *Eichmann before Jerusalem*, p. 320.

distrito industrial de Buenos Aires que ficava a duas horas de ônibus de sua casa[87].

Eichmann havia comprado, em 1958, um terreno de 700 metros quadrados em uma região distante em Buenos Aires, sem abastecimento de água, energia elétrica ou rede de esgoto. Além destas precariedades, a área era regularmente alagada pelo rio Tigre. O terreno era bastante barato e foi aí que Eichmann e seus filhos, após drenarem o terreno, começaram a edificar a casa deles. A construção foi concluída no início de 1960, quando então a família se mudou, ainda sem eletricidade e retirando água de um poço. Apesar da falsa sensação de segurança[88] que um lugar tão remoto podia eventualmente proporcionar, também "era o lugar perfeito para um rapto"[89]. Eichmann pôde viver poucos meses nesta casa na Rua Garibaldi até ser de fato raptado.

Uma série de acasos e de personagens diligentes e vigilantes permitiram que se confirmasse que Eichmann vivia na Argentina com sua família. Simon Wiesenthal narrou em suas memórias que, por sofrer de insônia por sua incansável atividade na busca por nazistas, seu médico recomendou que se ocupasse com algum passatempo, tendo por isso se tornado colecionador de selos. Estando de férias na região de Innsbruck, na Áustria, em 1953, teria ouvido por acaso que outro filatelista queria vender parte de sua coleção e então agendou um encontro com ele. O colecionador era o barão Heinrich Mast, que, mesmo atuando no serviço de inteligência das forças armadas alemãs no período nazista, colaborou com os Aliados no pós-guerra, como muitos outros nazistas, e se apresentou como um opositor do regime. Ele então teria mostrado, no desenrolar da conversa, uma carta na qual um conhecido dele teria reportado que Eichmann vivia na Argentina[90].

---

[87] CESARANI, *Becoming Eichmann*, p. 216.
[88] Cf. STANGNETH, *Eichmann before Jerusalem*, p. 311ss.
[89] CESARANI, *Becoming Eichmann*, pp. 220-221.
[90] WIESENTHAL, *Justice, not vengeance*, p. 76.

Parece, não obstante, que a história é bem mais intrincada que a relatada por Wiesenthal. Tom Segev, em sua biografia de Wiesenthal, indicou que o encontro com o barão Heinrich Mast não teria sido por acaso e que Wiesenthal conhecia tanto o barão quanto Wilhelm Höttl, antigo colaborador de Eichmann que escrevera a carta a Mast informando do paradeiro de Eichmann em Buenos Aires[91]. Mesmo antes disto, um contato de Wiesenthal em Alt-Aussee constatou que Vera Eichmann havia abandonado sua casa, mantendo-a alugada e mobiliada, e retirado os filhos da escola sem requerer qualquer documentação para transferência. Reunindo outras informações, em 1º de janeiro de 1953, este contato relatou, em carta a Wiesenthal, o seguinte: "uma hora atrás eu soube que em junho de 1952 Vera Liebl-Eichmann emigrou com seus filhos para a América do Sul, onde seu marido está empregado em uma estação de tratamento de água"[92]. Os rumores então eram de que estava no Brasil. Wiesenthal logo encaminhou a informação a Arye Eshel, cônsul de Israel em Viena que viria a ser embaixador de Israel no Brasil dez anos depois. O cônsul repassou as informações ao serviço secreto de Israel e pediu aos seus superiores para dar suporte ao prosseguimento das investigações, mas aparentemente não obteve maior apoio, mesmo com informações razoavelmente consistentes. Como bem observou Arendt, Eichmann não fez muita questão de zelar por seu anonimato (ao escrever cartas, manter o sobrenome Eichmann dos filhos, realizar as conversas públicas com o jornalista nazista Willem S. Sassen etc.) e ela chega a levantar suspeitas sobre se o serviço secreto estava realmente procurando por ele, por ter levado tanto tempo para encontrá-lo em meio a numerosas evidências[93]. Como veremos abaixo, as evidências eram ainda maiores que aquelas de que Arendt pôde ter conhecimento. Ela não tinha como saber, por exemplo, do papel central desempenhado por Fritz Bauer, revelado anos depois da publicação de *Eichmann em Jerusalém*.

---

[91] SEGEV, *Simon Wiesenthal: the life and legends*, p. 101ss.
[92] Ibid., p. 100.
[93] Cf. ARENDT, *Eichmann em Jerusalém*, pp. 259-260.

1. EICHMANN: DA QUEDA A JERUSALÉM

Possivelmente por esta dificuldade para mobilizar Israel para chegar a Eichmann, no início de 1954, Wiesenthal escreve a Nahum Goldmann, presidente do Conselho Judaico Mundial, em Nova York, relatando detalhadamente o que sabia e indicando que Eichmann estava na Argentina. Mencionou ainda uma terceira fonte, o diretor geral de segurança pública de Viena, que também dizia ter informações comprobatórias da mesma hipótese[94]. Goldmann também demonstrou pouco interesse. A carta de Wiesenthal chegou à CIA dois meses depois e é o primeiro registro nos arquivos da agência de que Eichmann estaria vivendo na Argentina – ainda assim, no final da década de 1950, pouco antes do rapto de Eichmann, ainda se dava crédito à hipótese de que ele viveria no Oriente Médio (Egito, Kwait ou mesmo Jerusalém)[95].

Para Wiesenthal, Israel estaria mais preocupado com os árabes, e os EUA com a Guerra Fria, de modo que ele dizia se sentir completamente só em sua incessante busca por Eichmann. Israel acabou arquivando os contatos de Wiesenthal, em face do amadorismo da busca por Eichmann (em grande medida também por falta de suporte) e por ter concentrado seus esforços nos conflitos no Oriente Médio. A partir desse ponto, cerca de oito anos antes do rapto de Eichmann em Buenos Aires, "as autoridades israelenses deveriam saber que Eichmann morava na Argentina", mas, como bem observa Tom Segev, "não se pode dizer que em 1953 Israel sabia que Eichmann estava na Argentina: apenas o arquivo sabia"[96]. No ano de 1954, Wiesenthal fecha seu Centro de Documentação em Linz e envia os documentos que possuía para o arquivo Yad Vashem em Jerusalém. O mesmo havia se dado um ano antes com Tuvia Friedmann, que também buscava

---

[94] Simon Wiesenthal a Nahum Goldmann, 30/03/1954, NA, RG 263, CIA Name File Adolf Eichmann, p. 4, disponível em https://www.jewishvirtuallibrary.org/adolf-eichmann-table-of-contents. Cf. WIESENTHAL, *Justice, not vengeance*, p. 76.

[95] Disponível em https://www.cia.gov/readingroom/docs/EICHMANN%2C%20ADOLF%20%20%20VOL.%202_0002.pdf

[96] SEGEV, *Simon Wiesenthal: the life and legends*, pp. 105 e 106.

por Eichmann desde o fim da guerra e havia fechado seu Centro de Documentação Judeu em Viena[97]. Quanto a isto, Wiesenthal observa: "o único arquivo que eu mantive comigo foi o sobre Eichmann. Eu honestamente não sei a razão, porque realmente tinha desistido"[98].

Em 1956, Klaus, filho de Eichmann, teria ficado próximo de Sylvia Hermann, filha de Lothar Hermann, um alemão com ascendência judaica que emigrou para a Argentina em 1938, após ser preso por um período no campo de concentração de Dachau, devido também à sua militância socialista. Por conta dos espancamentos no campo, ficou cego poucos anos após chegar a Buenos Aires[99]. Em uma visita à família Hermann, que também vivia na região de Olivos, Klaus Eichmann afirmou que teria sido melhor se os nazistas tivessem exterminado completamente os judeus e mencionou que seu pai havia sido um oficial nazista[100]. Quando o nome de Eichmann apareceu como desaparecido e procurado, cerca de um ano depois, em um jornal argentino de língua alemã, que mencionava indiciamentos em Frankfurt por crimes de guerra, Lothar Hermann teria se lembrado da conversa com Klaus e de seu sobrenome. Dando-se conta de que Eichmann provavelmente estaria na Argentina, escreveu às autoridades de Frankfurt e sua carta chegou às mãos de Fritz Bauer, procurador geral de Hesse, um judeu que protagonizou em Frankfurt os julgamentos de nazistas que atuaram em Auschwitz-Birkenau.

Bauer recebeu a carta de Hermann em meados de 1957 e então teria enviado a ele o máximo de informações que conseguiu reunir sobre Eichmann, pedindo que confirmasse o endereço dele. A esta altura, a família Hermann morava em Coronel Suárez, a 500 km de Buenos Aires, mas ele atendeu ao pedido e foi com sua filha Sylvia até a capital. Lá ela conseguiu, sem dificuldade, por meio de amigos em comum, o endereço da casa de Klaus Eichmann, na qual nunca

---

[97] CESARANI, *Becoming Eichmann*, p. 214.
[98] WIESENTHAL, *Justice, not vengeance*, p. 77.
[99] GOÑI, *A verdadeira Odessa*, p. 323.
[100] CESARANI, *Becoming Eichmann*, pp. 221-222.

havia estado. Foi então à casa dos Eichmann a pretexto de uma visita a Klaus, que não estava quando ela chegou e só apareceu um tempo depois. Foi recebida pela mãe de Klaus e pelo próprio Eichmann, que teria se identificado como pai de Klaus[101]. Com estas informações, contactaram Bauer confirmando o endereço. Bauer chegou inclusive a visitar a mãe de Vera Eichmann, nesta ocasião, que disse que Vera teria se casado com alguém que ela não conhecia e partido para os EUA[102]. Como observou Goñi,

> a bolha de proteção em torno de Eichmann foi arrebentada não por um superdetetive israelense, mas por um cego que fugira da perseguição nazista e chegara à Argentina em 1938[103].

No final de 1957, Bauer, um judeu que sabia bem que o sistema judicial alemão estava apinhado de nazistas, contactou um representante do Ministério das Relações Exteriores de Israel na Alemanha, que teria feito a informação chegar a Isser Harel, diretor do Mossad, serviço secreto israelense. Mesmo cético, ele enviou um representante para encontrar Bauer, que então insistiu que os israelenses eram quem podia procurar por Eichmann na Argentina. Ocorre que Harel estava mais preocupado com as tensões com os árabes no Oriente Médio e pouco sabia de Eichmann. De todo modo, enviou em janeiro de 1958 um agente que apenas visitou a rua Chacabuco, onde Eichmann morava então, e, não vendo ninguém parecido com ele, concluiu que "o distrito parecia tão degradado que que era difícil acreditar que um proeminente ex-SS pudesse morar lá"[104] – como veremos abaixo, esta não será a última vez em que a precária situação econômica de Eichmann chamaria atenção. O agente então enviou uma negativa a Harel, que só voltaria a se ocupar do assunto após nova pressão de Bauer.

---

[101] Ibid., p. 222.
[102] STANGNETH, *Eichmann before Jerusalem*, p. 317.
[103] GOÑI, *A verdadeira Odessa*, p. 322-323.
[104] CESARANI, *Becoming Eichmann*, p. 223.

Foi então que, em março de 1958, um experiente oficial da polícia israelense, que já estava em Buenos Aires para uma conferência da Interpol, foi acionado para checar a fonte de Bauer, fingindo ser um representante dele. O oficial deslocou-se até Coronel Suárez e então ficou espantado quando percebeu que o homem que alegava ter encontrado Eichmann era cego. Quando retornou a Buenos Aires e visitou a rua Chacabuco, também concluiu que alguém com a antiga posição de Eichmann não poderia morar em um lugar tão ordinário. Hermann realmente encontrou Eichmann,

> só que ele não parecia muito convincente: um cego, morando na remota Coronel Suárez, alegando ter rastreado o 'inimigo número um dos judeus' em Buenos Aires, em um endereço que era apenas uma modesta residência sem sinais de segurança ou luxo[105].

Considerou ainda que em suas investigações Hermann teria inicialmente confundido Eichmann com o proprietário da casa que ele alugava, foi tido por uma fonte desacreditada e então o caso foi encerrado[106].

Durante mais de um ano nada foi feito e foram novamente Wiesenthal e Bauer quem instaram enfaticamente Israel a checar as informações sobre a presença de Eichmann na Argentina. Em abril de 1959, Wiesenthal leu no jornal de Linz a notícia da morte de Maria Eichmann, madrasta de Eichmann, e entre os nomes dos familiares enlutados estava o de Vera Eichmann. Wiesenthal supôs então que ela vivia com Eichmann por utilizar ainda o sobrenome de casada. Enviou um emissário para indagar a mãe de Vera sobre o paradeiro dela e a senhora então informa que a filha teria se casado com um homem chamado "Klems" ou "Klemt" na América do Sul[107]. Ao informar Israel, puderam confirmar que ela vivia com Ricardo Klement,

---

[105] STANGNETH, *Eichmann before Jerusalem*, p. 319.
[106] CESARANI, *Becoming Eichmann*, p. 224.
[107] WIESENTHAL, *Justice, not vengeance*, p. 77.

e ao indagar a embaixada alemã na Argentina, pôde confirmar que os filhos de Eichmann estavam registrados lá com seus verdadeiros nomes. Em novembro de 1959, o embaixador de Israel em Viena disse a Wiesenthal que havia um renovado interesse por Eichmann e que havia em Israel uma profunda admiração pelo trabalho dele. Wiesenthal compartilhou então toda informação que tinha sobre Eichmann[108]. Em fevereiro de 1960, foi o pai de Eichmann quem faleceu e mais uma vez o nome de Vera Eichmann apareceu entre os membros da família enlutada. Imaginando a possibilidade de o próprio Eichmann aparecer no velório, Wiesenthal contratou fotógrafos com teleobjetivas que registraram todos os presentes ao sepultamento. Eichmann não estava, mas seus irmãos, muito parecidos com ele, sim. As fotos foram encaminhadas para agentes de Israel, que três meses depois as utilizariam para auxiliar na identificação de Eichmann.

Bauer havia descoberto detalhes da fuga de Eichmann e sobre seus trabalhos na Argentina, possivelmente pelo serviço de inteligência alemão. Ao visitar Israel no final de 1959, para um compromisso oficial, ele conseguiu agendar uma conversa com Isser Harel, que, mesmo tendo o endereço de Eichmann – algo que ele não disse a Bauer –, continuou desinteressado, o que irritou Bauer, que teria dito que, com informações tão detalhadas e abundantes, "qualquer policial de segunda classe seria capaz de seguir tal pista"[109]. Harel comprometeu-se a checar se Ricardo Klement era mesmo Eichmann. Zvi Aharoni, do serviço secreto israelense, foi então enviado para Frankfurt para consultar os arquivos alemães sobre Eichmann e a seguir Ben Gurion foi consultado e autorizou uma ação secreta na Argentina, considerando as chances de extradição praticamente nulas. Embora Aharoni fosse mais um investigador que alguém que fizesse esse tipo de trabalho de campo, ele chegou a Buenos Aires em 1º de março de 1960. Aharoni havia estado em Buenos Aires um ano antes para outro compromisso oficial e com seus contatos conseguiu

---

[108] STANGNETH, *Eichmann before Jerusalem*, p. 345.
[109] CESARANI, *Becoming Eichmann*, p. 225.

encontrar o endereço da casa para a qual a família Eichmann havia acabado de se mudar, na Rua Garibaldi[110]. Mesmo com uma estratégia arriscada de aproximação, abordando um dos filhos de Eichmann, já no dia 11 de março ele pôde confirmar que "Klement é Eichmann"[111].

Um dia após o anúncio de que Eichmann estava em Israel, o Yad Vashem agradeceu Wiesenthal[112]. Por um caminho igualmente tortuoso, em 1972, dez anos após a execução de Eichmann, Lothar Hermann recebeu de Golda Meir, então primeira ministra de Israel, a recompensa de 10 mil dólares, por intercessão de Tuviah Friedmann. Ele havia divulgado em 1959, em nome do Centro de Documentação de Haifa, em Israel, esta recompensa para quem oferecesse pistas do paradeiro de Eichmann. Fritz Bauer soube em primeira mão que Eichmann estava em Israel por Isser Harel, que assim teria pagado a ele uma "dívida de honra", pouco antes do primeiro-ministro Ben Gurion fazer o anúncio oficial no parlamento israelense[113]. Isto era compreensível, uma vez que Harel, até as pressões enfáticas de Bauer, mesmo sendo chefe do serviço secreto israelense, não tinha muita ideia do lugar de Eichmann na hierarquia do regime nazista nem do papel central que ele desempenhou na "Solução Final do Problema Judeu"[114].

O Mossad, a despeito da ação espetacular do rapto, desempenhou papel inteiramente secundário na localização de Eichmann na Argentina. A falta de empenho do governo de Israel para encontrar Eichmann até este momento foi inteiramente incompatível com a alegação no julgamento em Israel de que ele foi o responsável principal pela Solução Final que levou ao extermínio de cerca de seis milhões de judeus. As iniciativas até então "desleixadas e preguiçosas"[115] do serviço secreto de Israel ganharam novo curso. Aharoni continuou

---

[110] STANGNETH, *Eichmann before Jerusalem*, p. 351.
[111] CESARANI, *Becoming Eichmann*, p. 226.
[112] WIESENTHAL, *Justice, not vengeance*, pp. 77-78.
[113] HAREL, *The house on Garibaldi Street*, p. 280.
[114] Ibid., p. 2.
[115] CESARANI, *Becoming Eichmann*, p. 224.

1. EICHMANN: DA QUEDA A JERUSALÉM

a reunir informações durante um mês em Buenos Aires e inclusive conseguiu tirar fotografias de Eichmann. Montou-se uma equipe do Mossad e o próprio Isser Harel se dirigiu a Buenos Aires no início de maio de 1960 para coordenar a operação, com aprovação do primeiro ministro David Ben Gurion. Eichmann teve sua rotina vigiada por várias semanas. Chegava sempre no mesmo ônibus e no mesmo horário, às 19:40h. Precisamente no dia 11 de maio, data agendada para o rapto, o ônibus atrasou vinte minutos, mas ainda que tenha gerado apreensão, não foi suficiente para abortar a missão[116].

Os agentes fingiram estar com o carro quebrado, a meio caminho entre o ponto de ônibus e a casa de Eichmann. Abordaram-no simulando pedir ajuda, quando ele então foi imobilizado e levado para uma casa previamente preparada para recebê-lo, onde ele permaneceria por nove dias. De início ele tentou ocultar sua identidade, mas ainda no dia em que foi raptado assumiu quem era. Posteriormente, em suas notas sobre sua captura, quando já estava na prisão, Eichmann observou que há alguns meses tinha a impressão de que estava sendo vigiado e que, tendo vivido em segurança na Argentina por uma década, acabou se descuidando. Pensava que a movimentação em torno dele seria uma investigação da polícia argentina, na qual à época um nazista sempre podia confiar[117].

Com o rapto, como Eichmann não aparecia, sua família mobilizou a rede de contatos entre a comunidade de ex-SS e simpatizantes nazistas para tentar encontrá-lo. Nos dias que se seguiram, homens em centenas de motocicletas circundaram a casa dos Eichmann. Sua família jamais acionou a polícia. Um jovem grupo nacionalista chegou a sugerir que se sequestrasse o embaixador de Israel ou que se atacasse a embaixada[118]. O auxílio dos judeus da Argentina ao Mossad foi decisivo (segurança, assistência médica, comunicação) e o período de dois anos entre a detenção de Eichmann e sua execução esteve

---

[116] Ibid., p. 230.
[117] STANGNETH, *Eichmann before Jerusalem*, p. 346.
[118] Ibid., p. 348.

entre os mais difíceis para a comunidade judaica argentina[119]. Ataques antissemitas de grupos de extrema direita se intensificaram e dois anos depois, alguns dias após a execução de Eichmann, Gabriela Narcisa Sirota, jovem universitária judia, foi sequestrada e marcada a fogo com a suástica. Além disto, Mirta Penjerek, jovem judia acusada de fornecer alimentação à equipe do Mossad, foi assassinada[120].

Enquanto permaneceu sob custódia do Mossad na Argentina, Eichmann foi interrogado várias vezes e parecia muito à vontade para falar, principalmente sobre si mesmo, e teria dito a Peter Malkin, seu interrogador na ocasião, que gostava dos judeus e os respeitava, que não era um assassino e que seus atos organizando e supervisionando as deportações deveriam ser compreendidos como os de um oficial cumprindo ordens[121]. Malkin posteriormente afirmou suspeitar, entretanto, de que sua franqueza aparente poderia ser mais uma manifestação de seu "extraordinário talento para enganar"[122]. Neste período foram forjados os documentos necessários para que Eichmann pudesse embarcar.

O rapto de Eichmann foi calculado para coincidir com as celebrações da independência da Argentina, de modo a que ele pudesse ser levado dopado pelos agentes do Mossad no voo da companhia aérea israelense que transportaria os diplomatas de Israel presentes nas celebrações. Entre eles, estava o ministro das relações exteriores, Abba Eban, que não soube do plano de captura até chegar à Argentina. O plano correu sem maiores intercorrências e, no dia 22 de maio de 1960, Eichmann já estava em Israel. Após checar mais uma vez a identidade dele com pessoas que residiam em Israel e o conheceram, David Ben Gurion convocou uma reunião com sua equipe e a seguir anunciou ao Knesset, o parlamento israelense, que "um dos maiores

---

[119] REIN & DINER, "Unfounded fears, inflated hopes, passionate memories: Jewish self-defense in 1960s Argentina", pp. 259-260.

[120] GOÑI, *A verdadeira Odessa*, p. 329.

[121] CESARANI, *Becoming Eichmann*, pp. 232-233.

[122] MALKIN, *Eichmann in my hands*, p. 205.

criminosos nazistas" foi encontrado pelo serviço secreto de Israel e seria levado a julgamento, sob a lei israelense de 1950 para punir nazistas e seus colaboradores. Como bem observou David Cesarani,

> de acordo com alguns relatos, houve um silêncio espantoso, quebrado por suspiros e pequenos gritos. Outros atestam uma pausa seguida por uma grande explosão de aplausos. *Como aconteceu com muito do que se seguiria, era difícil chegar a um acordo sobre qualquer coisa em torno de Adolf Eichmann*[123].

1.2. A jurisdição sobre o *hostis humani generis*

Poucas semanas após o anúncio de que Eichmann estava detido em Jerusalém, apareceu o primeiro texto sobre o caso Eichmann publicado na revista *Commentary*, em junho de 1960, principal publicação de assuntos judaicos do pós-guerra nos EUA. Era também voltada a um público mais amplo por suas discussões sobre questões sociais e culturais – Arendt publicou nela algumas vezes. O artigo, "*Eichmann & the question of jurisdiction*", foi publicado por um personagem que viria a ser central no caso Eichmann e em *Eichmann em Jerusalém*. Jacob Robinson buscou rechaçar sumária e talvez muito apressadamente em seu texto as fortes objeções jurídicas à legitimidade da pretensão de Israel de julgar Eichmann. Ele atuara como consultor especial sobre assuntos judaicos nos Julgamentos de Nuremberg, depois como conselheiro jurídico da delegação de Israel na ONU por uma década e viria a ser principal auxiliar da promotoria no julgamento de Eichmann.

Robinson, cuja argumentação percorrerei a seguir, passou deliberadamente ao largo do fato de Eichmann ter sido raptado, argumentando que o fato de ele eventualmente ter sido removido à força da Argentina não teria, por si só, relação com o direito de Israel de levá-lo

---

[123] CESARANI, *Becoming Eichmann*, p. 236, grifos meus.

a julgamento. Com efeito, o direito internacional penal não previa a negação de jurisdição a um Estado por não ter seguido procedimentos usuais de extradição ou mesmo por violar a lei nacional de um dado país – e, assinalou Robinson, caberia notar que a Argentina era notória por não perturbar seus nazistas e dificultar sua extradição, como foi o caso com "o anjo da morte", Josef Mengele[124]. O rapto de Eichmann, que para Robinson era uma questão mais política que jurídica, certamente não foi um problema menor, mesmo com o posterior acordo firmado entre Israel e Argentina sobre o tema, após o governo argentino ter protestado junto à Organização das Nações Unidas e exigido de Israel a substituição do seu embaixador[125]. A preocupação com as implicações jurídicas do rapto reverberou na corte em Jerusalém e refletiu inclusive na sentença que condenou Eichmann, reforçando "o princípio *male captus bene detentus*, pelo qual as circunstâncias da prisão de um suspeito não comprometem a jurisdição da corte sobre ele"[126], que encontraria precedentes principalmente nos EUA, mas também na Grã-Bretanha. Notavelmente, principalmente após os atentados de 11 de setembro de 2011, esse princípio acabou também por se tornar central à política externa dos EUA.

Dentre os problemas relacionados às prerrogativas de Israel para julgar Eichmann, Robinson mencionou: os crimes contra a humanidade cometidos por Eichmann só poderiam ser julgados por um tribunal internacional; o Estado de Israel não existia na ocasião em que os crimes foram cometidos; a lei sob a qual Israel pretendia julgar Eichmann foi promulgada após os crimes cometidos; os crimes não foram cometidos em solo israelense; Israel não pode falar em nome de todos os judeus. Robinson repeliria todas as objeções[127]. Sobre a questão mais geral de um Estado poder legitimamente julgar

---

[124] ROBINSON, "Eichmann & the question of jurisdiction", p. 1.

[125] CESARANI, *Becoming Eichmann*, pp. 238-239.

[126] SCHABAS, "The contribution of the Eichmann Trial to International Law", p. 684.

[127] ROBINSON, "Eichmann & the question of jurisdiction", *passim*.

1. EICHMANN: DA QUEDA A JERUSALÉM

crimes contra a humanidade em suas cortes nacionais, Robinson sustentou que os crimes cometidos por Eichmann eram então crimes contra o direito internacional, definidos no tribunal de Nuremberg como crimes contra a humanidade. A corte em Nuremberg teria assim apenas codificado o "direito comum da humanidade" ou o direito internacional penal consuetudinário, ratificado depois por unanimidade pela Assembleia Geral da ONU no final de 1946[128]. Enquanto não houvesse uma jurisdição penal internacional, os crimes contra a humanidade estariam sujeitos à repressão universal por qualquer país, incluindo Israel, independentemente de onde eles tivessem ocorrido – embora Israel pudesse claramente reclamar falar pelas vítimas. Caberia considerar ainda, segundo Robinson, que, à época, a Assembleia Geral da ONU vinha bloqueando os esforços por estabelecer uma corte internacional criminal permanente e que uma corte internacional *ad hoc* enfrentaria dificuldades intransponíveis, desde a definição de sua composição até a heterogeneidade de tradições penais que certamente incidiriam negativamente na sua capacidade de emitir um veredicto[129].

Israel não seria, entretanto, um país dentre outros, neste caso, uma vez que, se não poderia falar em nome dos judeus de todos os países, poderia falar ao menos em nome das vítimas, considerando que abrigava cerca de 300 mil sobreviventes e testemunhas do extermínio, além de vasta documentação sobre ele. Assim, embora os crimes não tenham ocorrido em solo israelense, não havia então uma definição unívoca sobre a competência das cortes nacionais. Com efeito, Israel poderia legitimamente sobrepor ao princípio da territorialidade o princípio da nacionalidade passiva, consoante ao qual "o país ou Estado ao qual pertencem as vítimas tem jurisdição"[130]. Poderia, ainda, não obstante, recorrer aos fundamentos do princípio da territorialidade, segundo Robinson, sustentando que o *corpus delicti*,

---

[128] Ibid., p. 2.
[129] Ibid., p. 5.
[130] ARENDT; JASPERS, *Briefwechsel*, p. 453 (23/12/1960).

as testemunhas e as evidências estavam lá, tornando Israel o melhor território para julgar Eichmann[131].

Embora Israel tenha se tornado um país apenas em 1948, um dia antes da data final do Mandato britânico sobre a Palestina, Robinson argumentou que o Estado de Israel é uma continuidade do Mandato sobre a Palestina e que o acordo de reparação entre Israel e Alemanha Ocidental em 1952 seria um reconhecimento cabal dessa continuidade[132]. Por fim, embora a lei israelense para punição dos nazistas e de seus colaboradores tenha sido promulgada em 1950, ela não seria estritamente uma lei *ex post facto* com poderes retroativos, uma vez que ao tratar de "crimes contra o povo judeu" quase todos os elementos empregados pela lei em sua definição eram já tipificados como crimes contra a humanidade, como crimes de guerra ou ambos[133]. Assim, a lei seria "declaratória" e apenas teria traduzido na legislação nacional o que era costumeiramente reconhecido no âmbito do direito internacional penal. Ademais, insiste Robinson, seria absurdo argumentar que a lei criava um novo crime *ex post facto*, uma vez que, para ele, o acusado certamente sabia que agia errado na época em que cometeu os crimes – algo que Arendt irá colocar em questão em sua caracterização de Eichmann, o que retomarei no epílogo.

Robinson sustenta, por fim, que sempre houve crimes específicos, como a pirataria, em que o princípio da jurisdição universal foi aplicado porque tais malfeitores eram considerados *hosts humani generis* (inimigos do gênero humano). Para ele, esse é "um princípio certamente aplicável ao organizador de uma campanha internacional de genocídio"[134]. Essa foi possivelmente a primeira vez em que Eichmann foi incluído no rol dos *hosts humani generis* e os crimes contra a humanidade cometidos por ele foram associados à pirataria,

---

[131] ROBINSON, "Eichmann & the question of jurisdiction", p. 3.
[132] Ibid., p. 4.
[133] Ibid..
[134] Ibid., p. 2.

1. EICHMANN: DA QUEDA A JERUSALÉM

uma associação que apareceria no discurso da acusação, na sentença proferida contra ele e em numerosas reflexões sobre o julgamento, incluindo inicialmente a de Arendt. Em carta a Jaspers, Arendt chegou mesmo a equiparar o conceito de *hostis humani generis* ao de crime contra a humanidade (*Verbrechen gegen Menschheit*)[135]. Jaspers, por sua vez, considerava que a expressão *hostis humani generis* não seria adequada não apenas por lembrar o "*odium humani generis*" (ódio à espécie humana), de que os cristãos foram acusados sob Nero, segundo Tácito, mas também porque "inimigo" era ainda uma qualificação muito positiva para se referir a Eichmann, pois "um inimigo é ainda um alguém"[136]. Mesmo Jaspers, que sempre se acautelou de julgar o totalitarismo em termos do monstruoso ou do inumano, acabou por resvalar na destituição do *status* humano, ou ao menos do *status* de pessoa de Eichmann.

A expressão *hostis humani generis* foi originalmente associada à pirataria e quase unanimemente se remonta a Cícero o primeiro registro desta associação. Na verdade, ele falou do pirata como *communis hostis omnium*[137], inimigo comum de todos. Aparentemente, foi o jurista medieval Bartolo de Saxoferrato (1313-1357) quem parafraseou por primeira vez a expressão de Cícero como *hostis humani generis*[138], que exerceria grande influência no direito internacional a partir do Renascimento[139]. Cícero continuaria a ser lembrado sempre que o problema dos piratas ou algum tido por análogo a ele retornasse, mas doravante frequentemente com a fórmula de Bartolo.

---

[135] ARENDT; JASPERS, *Briefwechsel*, p. 459 (05/02/1961).

[136] Ibid., p. 455 (31/12/1960).

[137] CICERO, *De officiis*, p. 384.

[138] "Empregando uma frase que não foi encontrada antes dele, mas que estava destinada a ter uma longa vida no direito, Bartolo então explicou, reescrevendo Cícero, que tais oponentes indignos são mais apropriadamente considerados 'os inimigos da espécie humana' (*hostes humani generis*)" (HELLER-ROAZEN, *The enemy of all – piracy and the law of nations*, p. 103).

[139] RUBIN, *The law of piracy*, p. 55.

Na obra *Dos deveres* (*De officiis*, 44 a. C.), escrita para seu filho, precisamente quando estava a refletir sobre o dever de preservar pactos e compromissos e honrar a palavra empenhada, Cícero sustentou que há um direito de guerra e que a palavra empenhada ao inimigo, com o espírito decidido a cumpri-la, deveria ser honrada. A única exceção eram os piratas:

> se alguém não entrega a piratas o resgate estipulado por sua vida, não atenta contra a boa-fé, mesmo que tenha jurado fazê-lo, pois o pirata não está incluído no número dos inimigos legítimos, mas é inimigo comum de todos. Com ele, não deve haver nem palavra empenhada nem juramento mutuamente vinculante[140].

Com efeito, ao contrário dos inimigos de guerra, que são parte da "imensa sociedade do gênero humano (*immensa societate humani generis*)"[141], a mais ampla forma de comunidade humana, articulada pela razão e pela fala, os piratas, mesmo capazes de razão e de fala, estão fora de qualquer comunidade legítima. São pessoas que, "embora cometam atos errados, não podem ser definidas como criminosas; pessoas, enfim, que embora muitas vezes sejam estrangeiras e agressivas, não podem ter nenhum dos muitos direitos dos inimigos"[142].

A comunidade dos piratas, instalada no espaço comum do alto mar, seria então inimiga das comunidades legalmente estabelecidas, como Roma, que, congregadas, constituíam a "imensa sociedade do gênero humano". É o modo de vida do pirata, que não vislumbra alcançar a paz e a cessação de hostilidades após algum acordo de paz, que o expulsaria da comunidade do gênero humano[143]. É por se

---

[140] CICERO, *De officiis*, p. 385.
[141] Ibid., p. 57.
[142] HELLER-ROAZEN, *The enemy of all*, p. 16.
[143] Cícero reconhece que mesmo entre ladrões e piratas há leis que são observadas (CICERO, *De officiis*, p. 209) – como a repartição igualitária do butim e

1. EICHMANN: DA QUEDA A JERUSALÉM

situar fora de toda jurisdição, e mesmo para além da distinção entre o lícito e o ilícito, sendo inimigo sem ser criminoso ou um adversário na guerra, que toda comunidade juridicamente organizada teria jurisdição sobre ele. Ao contrário do ladrão, que desafia a autoridade de um Estado, o pirata desafia a autoridade de todos os Estados, ao atacar em um território comum não coberto pela autoridade de nenhum deles, de modo que em Cícero o pirata era antes o inimigo comum de todos os Estados. A fórmula de Bartolo de Saxoferrato exorbitou esta caracterização e concebeu o pirata como inimigo do gênero humano – de todo ser humano, portanto, gerando o paradoxo de saber se um tal inimigo da humanidade, concebida como a coletividade dos seres humanos, ainda faria parte da comunidade de todos os seres humanos[144].

A distinção entre o inimigo público ou legal (*perduellis*) e o inimigo privado ou ilegal (*hostis/inimicus*) foi central para a caracterização da condição dos piratas e da natureza do combate contra eles por Cícero. Para ele, os piratas situavam-se fora do âmbito da lei e não desfrutavam dos direitos dos inimigos legítimos (com quem se travava a guerra por motivos definidos, mas também com quem se

---

a interdição ao roubo dos comparsas –, de modo que é necessário admitir que há uma comunidade de algum modo ordenada entre os piratas, mas esta comunidade não faz parte da "imensa sociedade do gênero humano". Esta sociedade não incluiria todos os seres humanos, portanto, pois Cícero não pretendia que esse inimigo ilegítimo fosse considerado inumano, monstruoso ou diabólico, ao contrário dos juristas que recorreram posteriormente à expressão *hostis humani generis* para justificar as atrocidades da dominação colonial.

[144] Bartolo de Saxoferrato parece, assim, extrapolar as pretensões de Cícero ao identificar os piratas como inimigos da espécie humana, mas em grande medida se beneficia da ambiguidade das formulações de Cícero, que consiste em tratar os piratas não apenas como inimigos de todas as comunidades geridas pela lei, mas como aqueles com quem não se deve ter boa fé nem fazer juramentos. Tal princípio expõe os que não honram a palavra empenhada aos piratas ao risco de, ao lidar com o inimigo comum de todos e agir como ele, se tornar, ao menos nas relações com os piratas, precisamente um fora da lei como ele (HELLER-ROAZEN, *The enemy of all*, pp. 20-21).

estabeleceram pactos de paz), assegurados pelo direito dos povos ou o direito de guerra, por serem inimigos comum de todos, violarem igualmente todas autoridades estatais e viverem um modo de vida de permanente combate no qual a paz não está no horizonte. Em grande medida, Cícero traduzia a compreensão comum da Roma de sua época sobre os piratas, mas ele mesmo reconheceu que a palavra *hostis* designava antes apenas o estrangeiro[145] – da hospitalidade, passou-se à hostilidade – e, dois séculos após sua morte, fontes jurídicas definiam como *hostis*, um adversário a quem Roma tinha declarado guerra, o que tornaria *hostis* um combatente legal. As mesmas fontes distinguem explicitamente o *hostis* do pirata ou do bandido[146].

De todo modo, em Cícero, os piratas – como inimigos ilegítimos, contra quem não foi declarada guerra nem declararam guerra eles mesmos – eram equiparados aos bandidos (*latrones*) e saqueadores (*praedones*). O combate feito a eles "não podia ser legal", mas feito à margem da lei, uma vez que, como bandidos não desfrutavam dos direitos do criminoso comum nem do inimigo na guerra, eram, portanto, fora-da-lei que não podiam ser assimilados pela acusação legal ou pela guerra – eram uma "não-pessoa" jurídica, com condição legal análoga à dos escravos e dos loucos. Quando algum general derrotava bandos inimigos tidos por inferiores e ilegítimos, como escravos e piratas, ele

> entrava na cidade desacompanhado de trombetas, sem cetro, e não de carruagem, mas a cavalo ou a pé. Ele não poderia receber a coroa de ouro ou louro marcando a conquista militar que era o "triunfo" romano (*triunfo*). Em seu lugar, o general receberia uma coroa de murta, o símbolo próprio do "triunfo menor", que os romanos chamavam de "ovação" (*ovalis*)[147].

---

[145] CICERO, *De officiis*, p. 41.
[146] LUBAN, "The enemy of all humanity", p. 116.
[147] HELLER-ROAZEN, *The enemy of all*, pp. 99-100.

1. EICHMANN: DA QUEDA A JERUSALÉM

A distinção entre inimigo público ou legítimo e inimigo privado ou ilegítimo reapareceu revigorada no centro da reflexão de Carl Schmitt sobre a política em *O conceito do político* (1927/1932). Sua posição foi demarcada pela tese de que a eventual eliminação da distinção entre amigo e inimigo implicaria na eliminação da "vida política em geral"[148]. Schmitt enfatizou que inimigo não seria alguém a quem se odeia privadamente, "inimigo é somente o inimigo *público,* pois tudo o que se refere a um conjunto semelhante de pessoas, especialmente a todo um povo, se torna, por isso, *público*. Inimigo é *hostis,* não *inimicus* em sentido amplo; *polemios,* não *echtros*"[149].

Em comum com Cícero, cabe notar, Schmitt sustentou a posição de que, em momentos críticos, o Estado podia definir inimigos intraestatais que seriam colocados à margem de toda proteção da lei[150]. Em Cícero, o inimigo legítimo interno era o criminoso e o inimigo legítimo externo era o adversário em uma guerra declarada. Mas ele abriu claramente espaço para o bandido, como um inimigo interno ilegítimo que não deveria ser alcançado pela lei, mas pela pura força,

---

[148] SCHMITT, *O conceito do político*, p. 55.

[149] Ibid., p. 30.

[150] Ibid., p. 49. As fontes que Schmitt adiciona na edição de 1932 para justificar esta sua distinção entre *hostis* como inimigo público, o coletivo a que se pode fazer a guerra por ameaçar a existência contínua de um povo concreto, e *inimicus* como o oponente privado com quem se pode entrar em conflito ou a quem se possa odiar, mas não constitui uma ameaça de guerra, revelam o quanto a distinção acaba por ser arbitrária se confrontada com as próprias fontes. Uma destas fontes recorre precisamente a Cícero para precisar o sentido de *hostis*, embora fique claro o quanto o uso sinuoso do termo por Cícero explicite que ele pode se referir tanto a oponentes em geral quanto aos inimigos do Estado e que o próprio termo *inimicus* pode se referir a adversários na guerra. Outra fonte indica precisamente o quanto *hostis* por vezes indicava o status jurídico de um oponente em uma guerra declarada, em contraposição ao inimigo externo ilegítimo (o pirata – *praedo*) e ao inimigo interno ilegítimo (o bandido – *latro*) (DUSENBURY, "Carl Schmitt on *hostis* and *inimicus* – a veneer for bloody-mindedness" pp. 433-437), ambos inimigos apolíticos – e, por conseguinte, destituídos de qualquer direito.

como o pirata, inimigo externo ilegítimo – enfim, temos o inimigo de guerra e o criminoso, por um lado (o da lei), e o pirata e o bandido por outro (o fora-da-lei).

Em setembro de 1937, foi assinado por representantes de nove nações (Reino Unido, França, União Soviética, Bulgária, Egito, Grécia, Romênia, Turquia e Iugoslávia) reunidas em Nyon, na Suíça, um tratado internacional que, na prática, assimilava ataques de submarinos a navios comerciais internacionais a atos de pirataria. A conferência foi deflagrada devido a ataques indiscriminados ocorridos no Mar Mediterrâneo durante a Guerra Civil Espanhola, realizados principalmente por submarinos italianos, em apoio às tropas do General Franco, contra navios soviéticos com suprimentos em apoio ao governo republicano espanhol. O Acordo de Nyon, embora visasse efeitos de curto prazo – cessar os ataques de submarinos a navios não militares –, "representou a primeira instância de luta coletiva contra um 'inimigo da humanidade'" e

> demonstrou que em caso de violações flagrantes do direito da guerra a defesa das ordens superiores pode ser anulada. Também provou que o policiamento internacional baseado no direito dos tratados pode ser eficaz na prevenção de "crimes internacionais" e na mobilização da comunidade internacional em torno de valores comuns[151].

Significativamente, Carl Schmitt reagiu imediatamente a esta tentativa de implementar ideias rumo a uma ordem mundial e a um direito internacional penal. Ainda em 1937, ele escreveu um breve e enfático texto intitulado "O conceito de pirataria", no qual fundamentalmente contestou a equiparação entre ataques politicamente motivados e pirataria. Schmitt lembra que, de acordo com o direito internacional continental: era essencial ao conceito de pirataria que os atos se dessem

---

[151] RECH, "Rightless enemies: Schmitt and Lauterpacht on Political Piracy", p. 237.

em um espaço em que o Estado estivesse completamente ausente; que o perpetrador não fosse considerado membro de qualquer Estado ou agisse em nome dele, ainda que não precisasse ser efetivamente um apátrida; que o ataque visasse o enriquecimento privado, atingindo igualmente qualquer Estado e não deliberadamente um Estado específico. Ele destaca que a pirataria era compreendida como uma atividade caracteristicamente apolítica, assim como o era a ação contra os piratas[152]. Para ele, a própria configuração contemporânea dos Estados faria com que os espaços vazios nos quais atuariam os piratas fossem cada vez mais raros, de modo que a equiparação dos ataques por submarinos à pirataria, como a feita no Acordo de Nyon, acabaria por fazer com que a pirataria fosse politizada, deixando o espaço apolítico no qual operava até então.

O mais importante, todavia, e que indica a dificuldade de operar no direito internacional com a noção de pirataria para condenar agressões, é que, se uma humanidade desorganizada se unifica contra um inimigo de todos, a implicação é altamente paradoxal,

> porque esse inimigo da humanidade é apenas uma entidade apolítica, e porque alguém se classifica em algum sentido com base em quem se reconhece como inimigo, uma humanidade que não tem mais nenhum outro inimigo além desse "fora-da-lei" apolítico também é uma mera entidade apolítica[153].

O mesmo Schmitt que, em um artigo de 1934, justificou o direito de Hitler de "encontrar um novo Estado e uma nova ordem", empregando inclusive "a honra da arma submarina", "agora advertia rigorosamente seus leitores de que a concepção inglesa de pirataria marítima perturbava a ordem clássica do direito público europeu"[154]. Parecia preocupar a Schmitt que beligerantes italianos e alemães,

---

[152] SCHMITT, *O conceito do político*, p. 27.
[153] Ibid., p. 28.
[154] HELLER-ROAZEN, *The enemy of all*, p. 145.

apoiadores de Franco, fossem convertidos de inimigos em criminosos internacionais, por meio da imagem do "inimigo comum de todos" ou "inimigo da humanidade" (*hostis humani generis*)[155], de modo que embarcações estatais já não estariam imunes a acusações de atos criminosos[156]. O acordo seria então, para Schmitt, "mais uma tentativa ilegítima de substituir a guerra por medidas coletivas baseadas na criminalização do inimigo e realizadas por entidades supostamente agindo em nome da humanidade"[157].

Em seu ensaio *Teoria do Partisan*, Schmitt retornou a este tema, distinguindo o *partisan* (guerrilheiro ou revolucionário, por exemplo: uma coisa é o inimigo, outra é o rebelde[158]) do pirata e do corsário, porque o *partisan* arrisca sua vida por um princípio político, como qualquer outro combatente, mas ainda mais: "ele sabe e arrisca ser

---

[155] "Para Schmitt, as tentativas da Grã-Bretanha e dos EUA de impor internacionalmente seus conceitos domésticos de pirataria atestavam seu projeto de moralizar a ordem mundial de acordo com os princípios ideológicos do universalismo liberal. Em resposta, ele argumentou que o motivo privado deve ser mantido como essencial para distinguir o ladrão do mar da luta revolucionária por uma causa política; notadamente o general Franco e outros como os alemães e os italianos que o apoiavam" (RECH, "Rightless enemies", p. 247).

[156] "Além da concepção clássica da guerra como conflito legítimo entre nações soberanas, surgiu um novo modelo de confronto. Ele opôs não uma figura pública contra seu antagonista simétrico, mas um termo coletivo contra seus oponentes menores e infames, colocando os representantes de um código de lei universal contra os criminosos apátridas que procuravam transgredi-lo" (HELLER-ROAZEN, *The enemy of all*, p. 145).

[157] RECH, "Rightless enemies", p. 251. O artigo VII da "Convenção sobre a prevenção e a punição do crime de genocídio" especificava que crimes como "cumplicidade na perpetração de genocídio" não seriam considerados crimes políticos no que diz respeito à extradição. Isto foi relevante na solução da controvérsia em torno do rapto de Eichmann em Jerusalém, uma vez que a Argentina era signatária da Convenção. Cf. ARENDT, *Eichmann em Jerusalém*, p. 261.

[158] SCHMITT, *Der Nomos der Erde*, p. 114 (*Aliud est hostis, aliud rebellis*).

colocado pelo inimigo para fora do direito, da lei e da honra"[159]. Como observou Rech, de modo interessante para o leitor de hoje,

> Schmitt argumentou que rotular inimigos políticos como piratas implicava criar um novo inimigo sem direitos e colocá-lo em uma zona de indeterminação entre tempo de guerra e tempo de paz, guerra e policiamento, político e apolítico[160].

Dois anos após o texto de Schmitt, e pouco após a derrota final das forças republicanas e o fim da Guerra Civil Espanhola, em 1939, o jurista Hersh Lauterpacht publicou o texto *"Insurrection et piraterie"*, no qual defendia os termos do acordo de Nyon, inclusive a imputação de pirataria aos ataques de submarinos, mesmo admitindo que eles eram politicamente motivados. Ao contrário de Schmitt, e em defesa de que a motivação política não seria relevante, ele sustenta que leis nacionais de vários países tratavam como pirataria atos de violência cometidos em alto mar, independentemente de ter a ver com pilhagem, com a consequência de que a pirataria *jure gentium* corresponderia a qualquer ofensa que os Estados considerassem necessário combater por meio da jurisdição universal. Os navios considerados piratas pelas grandes potências não tinham direitos:

> eles eram desnacionalizados, privados das garantias normalmente concedidas aos criminosos pelas leis nacionais e tinham negado o status de beligerantes legítimos. Eles consistiam em "combatentes inimigos ilegais" destituídos de direitos, sujeitos a um excepcional "direito penal do inimigo"[161].

Como Schmitt, Lauterpacht não via problema na declaração de um inimigo destituído de direitos que poderia ser exterminado sem

---

[159] SCHMITT, *Teoria do Partisan*, p. 177.
[160] RECH, "Rightless enemies", p. 252.
[161] Ibid., p. 256.

maiores considerações, legais ou não. Divergiam fundamentalmente quanto à legitimidade do recurso à analogia com a pirataria e à noção de um inimigo da humanidade no caso de ofensas politicamente motivadas. Lauterpacht defendia explicitamente a legitimidade do recurso no direito internacional à analogia com as leis nacionais, era um crítico da noção "arbitrária" e "metafísica" de soberania e considerava um equívoco sustentar que apenas os Estados eram sujeitos do direito internacional, uma vez que "no direito internacional, como em todo direito, indivíduos eram os sujeitos 'últimos' de direitos e deveres relevantes"[162].

O acordo de Nyon teria favorecido a expansão do direito internacional penal e a utilização da analogia da pirataria para sustentar a jurisdição universal. Ocorreu que, a partir dos tratados do início do séc. XIX, a pirataria foi deixando progressivamente de ser uma ofensa tipicamente fora-da-lei e passou a ser julgada como crime nas leis nacionais e no direito internacional. A "analogia com a pirataria", como a feita no acordo de Nyon, recobra sempre o pirata de antes do séc. XIX, o típico inimigo ilegítimo ou fora-da-lei. Uma situação sem precedentes justificaria pragmaticamente o recurso à analogia com a pirataria, para Lauterpacht[163], pois permitiria que atos como os ataques de submarinos, motivados politicamente ou não, pudessem ser considerados crimes e recaíssem sob jurisdição comum de todos os Estados – assim, com uma definição abrangente de pirataria, a impunidade não seria mais a regra no direito internacional. Esta concepção foi decisiva para justificar a categoria de "crimes contra a humanidade", da qual Lauterpacht foi um dos mais notórios defensores, que desempenhou um papel central no Julgamento de Nuremberg e também no julgamento de Eichmann em Jerusalém.

David Luban pareceu correto ao afirmar que "a primeira aparição de '*hostis humani generis*' no moderno direito penal internacional

---

[162] KOSKENNIEMI, "Hersch Lauterpacht and the development of international criminal law", p. 813.
[163] RECH, "Rightless enemies", p. 259.

foi no julgamento de Adolf Eichmann"[164], mas cabe uma importante ponderação. Embora a expressão *hostis humani generis* não tenha aparecido no Julgamento de Nuremberg, a analogia com a compreensão clássica da pirataria como precedente para o que estava sendo julgado foi feita mais de uma vez, notadamente no que dizia respeito a questões de jurisdição. Um dos mais notáveis recursos à analogia com a pirataria em Nuremberg foi feito pelo procurador chefe dos EUA, o membro da Suprema Corte Robert H. Jackson, ao defender a necessidade de o direito internacional reconhecer a responsabilidade pessoal daqueles que cometem atos definidos como crimes, os incitam ou se unem a outros para cometê-los: "o princípio da responsabilidade individual pela pirataria e pelo banditismo, há muito reconhecidos como crimes puníveis ao abrigo do direito internacional, é antigo e bem estabelecido. Isso é guerra ilegal"[165].

Não por acaso, na fala de abertura de Hartley Shawcross, promotor chefe da Grã-Bretanha no Julgamento de Nuremberg, foi mencionada a pirataria em referência ao princípio da responsabilidade pessoal individual por ofensas contra a lei das nações[166]. Ele era assessorado por Hersh Lauterpacht, que o teria auxiliado na redação de seu discurso. Também Robert H. Jackson manteve um diálogo persistente com Lauterpacht sobre direito internacional e reconheceu explicitamente o papel dele na inserção da noção de "crime contra a humanidade" na Carta de Londres, de 1945, que definiu as regras e os procedimentos do Julgamento de Nuremberg[167]. Como Raphael Lemkin, que cunhou o termo genocídio, e Jacob Robinson (Instituto de Assuntos Judaicos), Lauterpacht tomava parte em um importante

---

[164] LUBAN, "The enemy of all humanity", p. 123.

[165] Disponível em: https://www.robertjackson.org/speech-and-writing/opening-statement-before-the-international-military-tribunal/. Cf. *Trial of the major war criminals before the International Military Tribunal*, Vol. II, p. 149.

[166] Cf. *Trial of the major war criminals before the International Military Tribunal*, Vol. III, p. 106.

[167] MARRUS, *The Nuremberg War Crimes Trial/1945-46 – A documentary history*, p. 187.

"*lobby* judeu" que buscava chamar atenção para os crimes contra o povo judeu em Nuremberg[168].

A noção de *hostis humani generis* ocupou papel central na justificativa da jurisdição de Israel na sentença da corte em Jerusalém, inadvertidamente trazendo para um julgamento multiplamente controverso as aporias da noção de inimigo comum de todos. Arendt chega a afirmar que

> apesar das páginas e páginas de argumentos legais, baseados em tantos precedentes, acaba-se com a impressão de que o rapto estava entre os modos mais frequentes de prisão, e que foi o fato de Eichmann ser apátrida de facto, e nada mais, que permitiu à corte de Jerusalém levá-lo a julgamento. Eichmann, embora não fosse nenhum perito legal, devia ser capaz de avaliar isso, pois ele sabia, por sua própria carreira, que se podia fazer o que se quisesse com uma pessoa apátrida; os judeus tinham de perder sua nacionalidade antes de poder ser exterminados[169].

Seis meses após a publicação do texto de Jacob Robinson sobre o Caso Eichmann na revista *Commentary*, e tendo já definida a sua participação na cobertura do julgamento de Eichmann pela revista *The New Yorker*, Arendt iniciou uma longa discussão epistolar com Karl Jaspers sobre os aspectos jurídicos do julgamento, principalmente no que dizia respeito à legitimidade de Israel para julgar Eichmann. Jaspers insistiu que o caso de Eichmann "concerne a toda a humanidade (*Menschheit*)"[170], estando, assim, para além do escopo da jurisdição de um Estado específico. Arendt, então, sustentou que Israel poderia muito bem argumentar que raptou um indivíduo indiciado no Julgamento de Nuremberg, que lidava com crimes contra a humanidade, e "Eichmann era um fora-da-lei (*vogelfrei*) – um

---

[168] Id., "A Jewish Lobby at Nuremberg: Jacob Robinson and the Institute of Jewish Affairs, 1945-46", p. 63.
[169] ARENDT, *Eichmann em Jerusalém*, pp. 261-262.
[170] ARENDT; JASPERS, *Briefwechsel – 1926-1969*, p. 449 (16/12/1960).

1. EICHMANN: DA QUEDA A JERUSALÉM

hostis humani generis, como outrora eram os piratas"[171]. A única possibilidade menos problemática, neste caso, seria vincular uma corte internacional penal à Corte Internacional de Haia para "*hostis humani generis*, que teria jurisdição sobre indivíduos de qualquer nacionalidade"[172], mas tal corte não existia à época por resistência na Assembleia Geral da ONU. Com isto, observou Arendt, qualquer país seria competente para julgar Eichmann e Israel sequer poderia declarar-se incompetente, podendo ainda requerer, em nome do "princípio da nacionalidade passiva", falar em nome da maioria das vítimas ao administrar a justiça no caso Eichmann.

O argumento de Ben Gurion, no entanto, era outro:

Eichmann foi para a Argentina ilegalmente. Legalmente, não havia Eichmann na Argentina; pelo menos oficialmente nada se sabia dele. Aqueles cujos irmãos e irmãs foram assassinados por Eichmann e que se comprometeram a procurá-lo estavam certos moralmente, embora talvez não formalmente. Eu sei que eles cometeram uma violação da lei, mas às vezes há obrigações morais superiores à lei formal. Até onde sabemos, Eichmann concordou em vir para Israel. Mas tenha ele concordado em vir ou não, ele deveria ser acusado aqui[173].

Arendt insistiu, ainda, pouco antes do início do julgamento, que o conceito de *hostis humani generis* "é mais ou menos indispensável"[174], pois a questão central é que embora o crime em questão tenha sido cometido contra os judeus, não se limita aos judeus ou à questão judaica. Após o julgamento, Arendt modificaria substancialmente esta sua posição inicial.

---

[171] Ibid., p. 451 (23/12/1960).

[172] Ibid., p. 452 (23/12/1960). "O Caso Eichmann mostrou que precisamos de uma corte criminal em Haia" (Ibid., p. 454).

[173] BEN GURION, "The Eichmann Case as seen by Ben Gurion" (18/12//1960), p. 62.

[174] ARENDT; JASPERS, *Briefwechsel – 1926-1969*, p. 452 (05/02/1961).

Karl Jaspers manteve suas reservas quanto à conveniência e mesmo à competência de Israel para julgar Eichmann, pois o que foi feito por ele aos judeus configurou-se como um crime contra a humanidade. Argumentou que, por isto, a humanidade, representada bem ou mal pela ONU, poderia afirmar por meio de um tribunal internacional que tipo de resposta tais crimes merecem da comunidade dos povos. O julgamento de Eichmann, por si mesmo simbólico[175], teria assim um notável impacto histórico. Não obstante, o risco de Israel não o julgar, como Jaspers mesmo reconheceu, era precisamente o de ninguém se interessar por fazê-lo, incluindo a ONU. Além do problema do rapto e da não existência do Estado de Israel na época em que Eichmann atuou no extermínio dos judeus, Jaspers destacou que seus crimes eram únicos, na medida em que não estavam definidos em qualquer código penal e foram cometidos com a chancela política e jurídica do Estado do qual Eichmann era cidadão. A rigor, Eichmann e outros como ele não eram propriamente nem assassinos nem criminosos de guerra. Em vista disto, para Jaspers, as questões principais eram: "em primeiro lugar, com que tipo de crimes o julgamento de Eichmann lidará? Em segundo lugar, quem é competente para julgar esses crimes?"[176]. Quanto ao rapto, a posição de Arendt era a de que, se a questão era a de fazer justiça,

> o reino da legalidade não oferecia nenhuma alternativa para o rapto. Os que estão convencidos de que a justiça, e nada mais, é a finalidade da lei tenderão a endossar o ato de rapto, embora não por precedentes, mas, ao contrário, como um ato desesperado, sem precedentes e incapaz de

---

[175] Pouco antes do início do julgamento, Jaspers ainda escreve: "o julgamento de Eichmann agitou todos nós. Não é apenas algo sensacionalista. Ele se tornará, em seu aspecto geral, um dos principais símbolos do espírito (*Geist*) de agora. *Temo* apenas *uma* coisa: que como resultado Israel e os judeus sejam julgados negativamente no mundo" (ARENDT; JASPERS, *Briefwechsel – 1926-1969*, p. 468 (01/04/1961), grifos no original).

[176] JASPERS, "Who should have tried Eichmann?", p. 854.

1. EICHMANN: DA QUEDA A JERUSALÉM

configurar um precedente, necessário devido à condição insatisfatória da lei internacional[177].

Karl Jaspers observou a Arendt: "do mesmo modo que ações como as de Eichmann excedem o que é moral e humanamente compreensível – como você disse de modo eloquente – a base legal desse processo é duvidosa"[178], precisamente por buscar abarcar juridicamente algo que ultrapassava o direito. Jaspers insistiu que estavam em questão elementos políticos importantes que ultrapassavam o âmbito estritamente legal e que "o domínio político possui um *status* que não pode ser capturado em termos legais"[179]. A compreensão disto seria fundamental para assimilar o rapto de Eichmann e a pretensão de Israel de julgá-lo, uma vez que Israel sequer existia na época dos crimes de Eichmann e "não está autorizado a falar em nome de todos os judeus"[180]. Além disto, o julgamento teria uma importância para todo o mundo e não apenas para Israel, na medida em que operaria como um modelo ou um antimodelo de como lidar futuramente com possíveis crimes como os de Eichmann. O caso dizia respeito à humanidade (*Menschheit*), insistiu Jaspers, e Israel poderia realizar, em vez de um julgamento, um "processo de exame e de clarificação", cujo resultado não seria uma sentença, mas um estabelecimento dos fatos e uma advertência a toda a humanidade, pressionando diretamente a Organização das Nações Unidas[181]. Jaspers disse imaginar que se passasse o seguinte:

> Israel estabelece um padrão de investigação histórica e de documentação e conclui com uma reivindicação à humanidade (*Menschheit*), que criou na ONU uma instância de sua representação formal: aqui estão os fatos. Cabe à humanidade, não a um único Estado nacional, julgar um caso tão

---

[177] ARENDT, *Eichmann em Jerusalém*, p. 287.
[178] ARENDT; JASPERS, *Briefwechsel – 1926-1969*, p. 447 (14/12/1960).
[179] Ibid., p. 450 (16/12/1960).
[180] Ibid., p. 447 (14/12/1960).
[181] Cf. Ibid., p. 449 (16/12/1960).

enorme (*ungeheuer*). Temos o autor desses crimes sob nossa custódia e o colocamos à disposição de vocês. O que ele fez diz respeito igualmente a todos vocês, não apenas a nós[182].

Jaspers ponderou que não se poderia exigir de Israel, como um Estado soberano, que se abstivesse de julgar Eichmann, mas se poderia indicar que, ao estabelecer os fatos, se abstendo de emitir uma sentença e provocando formalmente a Organização das Nações Unidas a realizar um julgamento do ponto de vista da humanidade, não se correria o risco de a questão parecer concernir apenas ao povo judeu – ou, pior, apenas a Israel – e o problema poderia vir a ter então o tratamento adequado a um crime contra a humanidade. A renúncia de Israel a condenar esse

> horrível inimigo que agiu não apenas contra os judeus, mas contra toda a humanidade, mostraria uma grandeza ética e política que deveria produzir mais efeitos políticos e jurídicos. A grandeza de ser sábio e reflexivo, de ser transparente e de renunciar carregaria em si a exigência de que todos ponderassem sobre tudo isso. Isso talvez pudesse contribuir para aquela mudança na política que, por tantos motivos, deve ocorrer nas próximas décadas se a humanidade quiser continuar vivendo[183].

Em carta enviada uma semana antes do início do julgamento[184], Jaspers repetiu seus temores quanto às consequências do julgamento e eventuais intenções políticas de Ben Gurion com ele, as quais ele disse não compreender inteiramente. Além disso, anexou à carta cópia da entrevista que concedeu ao jornalista François Bondy, para a Radio Studio Basel, que seria publicada um mês depois na revista *Der Monat*. Jaspers ponderou aí que, embora considerasse mais adequado aos desafios colocados pelo Caso Eichmann que o julgamento

---

[182] Ibid., p. 455 (31/12/1960).
[183] JASPERS, "Who Should Have Tried Eichmann?", p. 858.
[184] ARENDT; JASPERS, *Briefwechsel – 1926-1969*, p. (03/04/1961), p. 471.

fosse realizado por uma instância que representasse a humanidade na falta disso, Israel era certamente o Estado mais apto e disposto a conduzir o julgamento e a representar, além dos seus próprios interesses, os interesses da humanidade. As dificuldades jurídicas e políticas, no entanto, permaneceriam como desafios ante os quais o julgamento deveria estar à altura, como um símbolo/modelo para lidar com estas questões no futuro.

Embora Arendt tenha destacado em *Eichmann em Jerusalém* a proposta de Jaspers em defesa de um tribunal internacional – que acabou também por ser simultaneamente a defesa inaugural de uma comissão da verdade –, ela mesma expressou que haveria o obstáculo técnico de que a questão da jurisdição tem de ser decidida pela corte antes de o julgamento começar, como de fato se deu[185]. Sem o saber, Jaspers estava concordando com o filósofo Isaiah Berlin, que dois meses após o anúncio de que Eichmann estava em Jerusalém escreveu a um amigo, que era diretor geral do gabinete de Ben Gurion, em julho de 1960, sugerindo que, se Eichmann fosse julgado, ele deveria ser condenado e entregue aos alemães, aos argentinos ou aos egípcios. À vítima, para ele, caberia revidar e até assassinar, mas não julgar. Todavia, como o julgamento parecia que iria acontecer de qualquer jeito, causaria um enorme efeito moral no mundo Israel não executar a pena, até porque julgamentos políticos com forte apelo popular – "Jesus, Joana D'Arc, Nuremberg" – acabam levantando dúvidas sobre os motivos dos algozes[186].

---

[185] ARENDT, *Eichmann em Jerusalém*, p. 292-293.
[186] BERLIN, *Building: Letters 1960-1975*, p. 4.

2.
EICHMANN EM JERUSALÉM

> O nacionalismo é o maior inimigo da humanidade[187].
>
> Adolf Eichmann

> Todas as mágoas são suportáveis se as colocamos em uma estória ou contamos uma história sobre elas[188].
>
> Isak Dinesen

2.1. O julgamento de Eichmann em Jerusalém e o julgamento de Arendt

A primeira sessão do julgamento de Eichmann, ainda antes do discurso de abertura do promotor, foi marcada por objeções da defesa, respondidas pela acusação ainda nesta seção e nas quatro

---

[187] https://www.theguardian.com/world/1999/aug/12/2
[188] Citado em ARENDT, *A condição humana*, p. 217.

seguintes[189]. Robert Servatius, defensor de Eichmann, buscou antes de tudo questionar a competência do tribunal e do Estado de Israel para levar a cabo o julgamento com imparcialidade e legitimidade. Ele observou ainda que a lei israelense de punição dos nazistas e seus colaboradores, de 1950, era extraterritorial e retroativa, que por isto violaria o direito internacional. A lei, de fato, não reconhecia prescrição, permitia admitir rumores como evidências e o julgamento de pessoas que já tivessem sido julgadas em outros países, além de admitir a pena de morte em um país que a tinha abolido. Por fim, causou escândalo a ausência de testemunhas de defesa, decorrente do fato de Israel não garantir imunidade a quem fosse lá testemunhar, algo criticado tanto por quem era a favor quanto por quem era contra o julgamento[190]. Para sustentar suas objeções, Servatius defendeu que o rapto de Eichmann na Argentina privaria a corte de jurisdição e que os atos pelos quais Eichmann estava sendo acusado eram atos de Estado, não podendo ser designados como responsabilidade de um indivíduo que não era um dos líderes e agia em conformidade com a lei que vigorava à época. Estas foram as objeções centrais da defesa que repercutiram em todo o julgamento.

O promotor Hausner apelou para o precedente da Carta de Londres e do Julgamento de Nuremberg e indicou que não havia, à época do julgamento em Jerusalém, uma corte internacional penal; que a imparcialidade de uma corte não depende de indiferença em relação ao crime cometido[191]; que o rapto de Eichmann era uma

---

[189] No que se segue, resumo com muita brevidade o debate travado entre acusação e defesa nas cinco primeiras sessões do julgamento, que antecederam o discurso de abertura da promotoria e trataram das objeções gerais. A transcrição original da tradução em inglês destas sessões contida nos *Hannah Arendt Papers* conta com 109 páginas datilografadas em espaçamento simples com numerosas anotações de Arendt. Utilizamos esta versão, comparando sempre com a versão revisada que pode ser consultada em http://www.nizkor.com/hweb/people/e/eichmann-adolf/transcripts/Sessions/.

[190] YABLONKA, *The state of Israel vs. Adolf Eichmann*, p. 237.

[191] Esse é um caso raro de concordância de Arendt com ele. Cf. ARENDT, *Eichmann em Jerusalém*, p. 282.

2. EICHMANN EM JERUSALÉM

questão política entre Israel e Argentina – já resolvida no âmbito das Nações Unidas e por um anúncio oficial das duas nações que davam o caso por encerrado; que uma corte não deixa de julgar alguém em consideração às circunstâncias sob as quais essa pessoa foi conduzida a ela (citando precedentes em cortes dos EUA)[192]; que, no direito internacional, o princípio da limitação territorial de jurisdição não se aplicaria e que muitos países reclamam jurisdição por crimes de seus cidadãos onde quer que eles tenham sido cometidos, assim como muitos outros podem legislar para punir estrangeiros por atos cometidos no exterior, mas com consequências internas no país que reclama jurisdição; que a necessidade de punir as atrocidades nazistas fez com que, em Nuremberg, fosse considerado um mal menor romper com o princípio da não retroatividade das leis (*nullum crimen sine lege*) – não em geral, mas no caso de um crime como a "Solução Final" –, em nome de adaptar o antigo princípio à "sinistra realidade do século XX". Em Nuremberg, a maioria dos juristas teria rejeitado atitudes ortodoxas, observa Hausner, como "perigoso formalismo"[193], pois

> o fato de que Hitler tenha criado um *Estado pirata* e chamado crime pelo nome de virtude não poderia tornar seus seguidores imunes à

---

[192] Arendt destaca ser surpreendente a corte considerar irrelevante o fato de os israelenses que raptaram Eichmann serem agentes governamentais ou agentes individuais e observa que seguramente a Argentina não teria cedido tão facilmente se Eichmann fosse cidadão argentino. Em todo caso, ela também observa com relação ao rapto que havia "importantes circunstâncias mitigantes na medida em que dificilmente se encontraria uma real alternativa se efetivamente se quisesse levar Eichmann à justiça", considerando que a Argentina não extraditava criminosos nazistas, de modo que "o reino da legalidade não oferecia nenhuma alternativa para o rapto" (ARENDT, *Eichmann em Jerusalém*, pp. 286-287).

[193] Esse é um dos outros raros casos em que Arendt concorda com Hausner: "todas as objeções levantadas contra o julgamento de Jerusalém com base no princípio de jurisdição territorial eram legalistas ao extremo" (ARENDT, *Eichmann em Jerusalém*, p. 281).

responsabilidade pessoal. Caso contrário, chegaríamos ao resultado absurdo de que um governante teria apenas de ser implacável o suficiente para abolir todas as proibições morais e criar um vácuo legal para permitir que seus seguidores cometessem os crimes mais hediondos com absoluta impunidade[194].

Esta posição "pragmática" de Hausner, em contraste com a defesa da soberania dos Estados e deles como únicos sujeitos do direito internacional por Servatius, reverberou as posições contrastantes e paradigmáticas de Lauterpacht e Schmitt com relação à pirataria. Em toda parte, não obstante, a posição de Hausner ecoava antes de tudo a posição de Robinson, seu principal assessor, notadamente, neste início de julgamento, no que diz respeito às questões de jurisdição, tal como expostas inicialmente em seu texto pioneiro para a revista *Commentary*, que examinamos no final do primeiro capítulo. No julgamento de Eichmann em Jerusalém, a analogia com a pirataria foi empregada para justificar a jurisdição de Israel no caso. O promotor Gideon Hausner aventou essa hipótese nas sessões iniciais do julgamento e a corte a acolheu na sentença.

Em comum entre Robert H. Jackson, em Nuremberg, e Gideon Hausner, em Jerusalém, a despeito dos quinze anos a separar os dois julgamentos, havia o fato de que tinham Jacob Robinson entre seus assessores jurídicos diretos. Hausner reconheceu: "adotei *in toto* sua delineação meticulosa e altamente erudita [de Robinson] sobre os problemas de direito internacional envolvidos e fiz dela o pilar central de meus argumentos sobre o assunto"[195].

Isso fica bastante claro não só quando Hausner se referiu acima ao Terceiro Reich como um Estado pirata, mas ainda quando recorreu, na 4ª sessão do julgamento, à posição compartilhada por Vattel e Blackstone, por exemplo, de que transgressores como piratas, envenenadores e incendiários, pelo caráter e pela frequência de

---

[194] HAUSNER, *Justice in Jerusalem*, p. 316, grifos meus.
[195] Ibid., p. 303.

seus crimes, ameaçam a segurança comum de todas as nações, são *hostes humani generis*, sob jurisdição universal de todos os Estados, constituindo assim uma exceção ao princípio de que um Estado só pode punir crimes cometidos em seu território. Com efeito, no início da 4ª sessão do julgamento, Hausner advogou, ressoando Robinson, que "os criminosos nazistas devem ser julgados como inimigos da espécie humana (*hostes humani generis*) e quem quer que coloque as mãos sobre eles e os prenda é competente para julgá-los como piratas ou traficantes de escravos ou traficantes de escravos brancos"[196].

Enquanto na fala de abertura da promotoria, que ocupou as seções 6, 7 e 8, Hausner focou no caráter único, extremo e reiterado dos crimes cometidos por Eichmann, sem mencionar novamente o tema da pirataria, em seu livro sobre o julgamento ele destacou, não obstante, o fato de que crimes como a pirataria não reconhecem limites geográficos e atingem diversas comunidades, sendo sua punição uma questão de interesse universal. Ele concluiu que o perpetrador de um crime contra a humanidade é considerado analogamente, pois seu crime não atinge uma parte particular de alguma sociedade, mas toda a espécie humana[197]. Quando indagado pelo presidente da corte, Moshe Landau, na 4ª seção, sobre se havia alguma fonte específica para sua associação do caso Eichmann com a pirataria, ele observou apenas que não se referia a alguma fonte em especial, mas que havia "definições de *hostis humani generis*. Existem definições de pessoas das quais, na linguagem bíblica, pode-se dizer que traziam a marca de Caim em suas testas"[198].

Hausner ressaltou que, se na época do julgamento em Jerusalém haviam tratados referentes ao tráfico de pessoas, isto não se aplicaria à

---

[196] Disponível em: http://www.nizkor.com/hweb/people/e/eichmann-adolf/transcripts/Sessions/Session-004-01.html

[197] HAUSNER, *Justice in Jerusalem*, p. 314.

[198] Disponível em: http://www.nizkor.com/hweb/people/e/eichmann-adolf/transcripts/Sessions/Session-004-02.html

pirataria, em relação à qual ainda valeria a regra dos tempos antigos[199]. Em sua sentença, os juízes não recorreram à imagem do "Estado pirata", mas concordaram com Hausner ao sustentar que "um Estado que planeja e implementa uma 'Solução Final' não pode ser tratado como *'Par in parem'*, mas apenas como uma gangue de criminosos"[200].

No início da 6ª sessão, após as objeções da defesa, a corte defendeu que a hipótese de suspeição dos três juízes por serem judeus não se sustentava, porque Eichmann seria julgado em conformidade com a lei e com direito a ampla defesa. Além disso, sustentaram que, embora em qualquer julgamento os juízes possam ser afetados pelo caráter hediondo do crime que eventualmente julgam, assumem como dever restringir seus afetos para poderem julgar com imparcialidade. Com efeito, os juízes sabiam muito bem tanto que o fato de serem judeus não deveria ser obstáculo para julgarem Eichmann quanto que não era o fato de serem judeus que os constituía, *pace* Ben Gurion e Jacob Robinson, como os juízes mais adequados para o caso[201]. Um dos três juízes, Benjamin Halevi, havia atuado na condução do caso Rudolf Kastner, liderança judaica na Hungria, julgado em 1955, no qual Eichmann foi diretamente implicado, mas isso não foi incluído entre as objeções da defesa. Com relação ao questionamento da competência da corte, considerando as circunstâncias sob as quais o acusado foi trazido a ela e a validade da Lei contra Nazistas e seus Colaboradores, de 1950, os juízes sustentaram que era irrelevante o modo como o acusado foi levado à jurisdição da corte e que a lei israelense sob a qual ele estava sendo julgado não conflitava com o direito internacional, inclusive porque a corte também rejeitava o pleito de que os atos do acusado considerados crimes eram atos de Estado.

---

[199] Este não é o caso. Para uma análise histórica do desenvolvimento das leis nacionais e tratados internacionais sobre a pirataria, notadamente nos séculos XIX e XX, cf. RUBIN, 1988, caps. III-V.

[200] "Trial, Minutes of sessions, English, Nos. 115-119, Judgment", p. 29 (In. *Hannah Arendt Papers*).

[201] Cf. ROGAT, *The Eichmann trial and the rule of law*, pp. 33 e 37.

2. EICHMANN EM JERUSALÉM

Nestas decisões iniciais, a corte não apresentou maiores justificativas, mas, quando proferiu o veredicto, a partir da sessão 115, demorou-se bastante na fundamentação de sua decisão de rejeitar estas objeções da defesa – um quarto do texto de 200 páginas do veredicto é dedicado a defender o direito de Israel de julgar Eichmann. Antes de tudo, os juízes sustentaram que a jurisdição da corte sobre o caso era assegurada pela Lei contra Nazistas e seus Colaboradores, de 1950, que dispunha sobre crimes contra o povo judeu, crimes contra a humanidade e crimes de guerra, dos quais Eichmann era acusado. A redação da lei seria inequívoca e indicava claramente que ela era retroativa e extraterritorial, uma vez que dizia respeito a crimes cometidos durante o regime nazista em um país hostil:

> a Corte deve dar cumprimento à lei do Knesset [Parlamento israelense], e não podemos aceitar a alegação de que essa lei entra em conflito com os princípios do direito internacional. Por esta razão, a primeira alegação do advogado deve ser rejeitada[202].

Após sustentar que a função da corte é aplicar a lei e não ajuizar sobre sua adequação ou não ao direito internacional, os juízes, não obstante, dedicaram-se a analisar o direito de Israel de promulgar uma lei com este teor.

Para a corte, o que fundamentava o direito de Israel de punir, do ponto de vista do direito internacional, era o caráter universal dos crimes em questão e seu caráter específico voltado ao extermínio do povo judeu. Os crimes hediondos abrangidos pela lei israelense "afligem toda a humanidade" e "choca a consciência das nações"[203], sendo graves ofensas ao direito dos povos. Na ausência de uma corte internacional penal para a punição desses crimes, cada país teria de mobilizar as autoridades legislativas e judiciais para levar seus

---

[202] "Trial, Minutes of sessions, English, Nos. 115-119, Judgment", p. 12 (In. *Hannah Arendt Papers*).

[203] Ibid., p. 12 (In. *Hannah Arendt Papers*).

perpetradores a julgamento, sendo universal a competência para julgar tais crimes. Concluíram que o direito do Estado de Israel para punir derivava de duas fontes cumulativas:

> uma fonte universal (pertencente ao conjunto dos seres humanos) que confere o direito de processar e punir crimes deste tipo a qualquer Estado na família das nações; e uma fonte específica ou nacional que dá à nação vítima o direito de julgar quem quer que viole sua existência[204].

Os juízes indicaram que a autoridade universal já era mencionada no *Corpus Juris Civilis* e que, na Idade Média, cidades do norte da Itália julgavam tipos específicos de criminosos perigosos (*banniti, vagabundi, assassini*)[205] independentemente de onde os crimes foram cometidos, e que nações marítimas, "desde tempos imemoriais", aplicavam o princípio de jurisdição universal ao lidar com a pirataria[206]. Citaram então Blackstone, que remetia a Edward Coke a identificação do pirata como *hostis humani generis*, perdendo assim a proteção de qualquer Estado e podendo ser julgado por qualquer um deles, por não ser mais um nacional, mas um inimigo da humanidade.

Arendt acabou tendo razão ao afirmar a Jaspers que a noção de *hostis humani generis* seria "mais ou menos indispensável ao julgamento", mas sua posição inicial sobre essa expressão se transfigurou profundamente em *Eichmann em Jerusalém*. Para ela, ao reclamar jurisdição

---

[204] Ibid., p. 33 (In. *Hannah Arendt Papers*).

[205] Como observa Luc Reydams, as cidades-Estado italianas da Idade Média reconheciam tanto a jurisdição das cortes do lugar onde o crime fora cometido quanto o lugar de domicílio do transgressor. No caso de *vagabundi*, sem residência permanente, reconheciam apenas a jurisdição do *locus delicti*. Teria sido o jurista espanhol Diego de Covarruvias y Leyva que, no séc. XVI, antes de Grotius, defendeu, "referindo-se a uma lei natural comum a todas as nações", que todos os criminosos perigosos deveriam ser punidos ou extraditados pelas cortes às quais fossem apresentados (REYDAMS, *Universal jurisdiction – international and municipal legal perspectives*, p. 29).

[206] "Trial, Minutes of sessions, English, Nos. 115-119, Judgment", p. 12 (In. *Hannah Arendt Papers*).

pelo princípio da personalidade ou nacionalidade passiva (falar em nome da vítima, independentemente de onde se deu o crime), por um lado, e pelo da jurisdição universal, por Eichmann ser *hostis humani generis* como os piratas, por outro, a corte contribuiu para embotar a semelhança entre o julgamento em Jerusalém e os "que o precederam em outros países onde legislação especial também foi formulada para garantir a punição dos nazistas e seus colaboradores"[207]. De toda a argumentação da acusação e do tribunal, Arendt concordava que crimes contra a humanidade justificariam a retroatividade das leis, mas insistia que a analogia com a pirataria e a vinculação a "uma montanha de precedentes" para reclamar jurisdição universal era um notório equívoco, uma vez que a corte poderia alegar legitimamente que território é um conceito político e jurídico, e não apenas geográfico, envolvendo mais o

> espaço entre indivíduos de um grupo cujos membros estão ligados e ao mesmo tempo separados e protegidos uns dos outros por todo tipo de relações, baseadas em língua comum, religião, história comum, costumes e leis[208].

Além disso, não era apenas a natureza dos crimes cometidos por Eichmann que era sem precedentes, mas o próprio surgimento do Estado de Israel era sem precedentes e não seria possível "se o povo judeu não tivesse criado e mantido seu próprio espaço intersticial ao longo dos muitos séculos de dispersão"[209].

David Luban sustentou que esse argumento de Arendt sobre a noção de território era "excêntrico", "forçado" e "desnecessário"[210]. Ele reconheceu que Israel recorreu ao princípio protetivo para justificar

---

[207] ARENDT, *Eichmann em Jerusalém*, p. 282.
[208] Ibid., p. 285.
[209] Ibid., p. 285. Cf. LAFER, *A reconstrução dos direitos humanos: um diálogo com o pensamento de Hannah Arendt*, p. 175.
[210] LUBAN, "Hannah Arendt as a theorist of international criminal law", pp. 629-630.

sua jurisdição sobre o caso Eichmann, enfatizando a conexão entre o Estado de Israel e a Diáspora, mas seria exótico interpretar esta jurisdição em termos territoriais[211]. Luban reconheceu, não obstante, que havia uma conexão estreita entre a defesa de uma concepção alargada de território e sua compreensão do espaço-entre (*in-between*) não geográfico que constituía as comunidades políticas. Esta ponderação de Arendt é inteiramente consistente com sua observação, em *A condição humana*, de que "a *polis* não era Atenas, e sim os atenienses"[212]. O fato de Israel representar, com todas as suas limitações, não os judeus como um grupo étnico ou religioso, mas a política compartilhada do povo judeu e notadamente a das vítimas dos campos de extermínio, seria razão suficiente para reclamar jurisdição sobre Eichmann[213].

No julgamento, os juízes reconheceram que Eichmann tinha razão, ao contrário do que desejava a acusação, ao indicar sua culpa no "auxílio e na cumplicidade" com os crimes de que era acusado, auxiliando na tipificação de um crime e de um criminoso novos. Por isso, Arendt citou com aprovação o seguinte trecho da sentença:

> não há muito propósito em se usar os conceitos normais de aconselhar e assistir a perpetração de um crime. Pois esses crimes foram cometidos

---

[211] Ibid., p. 630.

[212] ARENDT, *A condição humana*, p. 241. Arendt recorreu a F. Schachermeyr para sustentar sua posição: os gregos preencheram suas cidades "com suas próprias concepções do Estado como uma associação pessoal que, até os últimos tempos, o Estado ateniense sempre foi representado pelos 'atenienses' e nunca por 'Atenas' ou 'Ática'. O próprio Estado é sempre chamado pelos gregos de *politeia*, que significa simplesmente o corpo dos cidadãos ou a instituição dos cidadãos, em outras palavras, o mesmo que *civitas*". Nesse aspecto, eram como os babilônios: "se alguém quisesse expressar o conceito 'os babilônios', teria de dizer: 'o povo (*ameluti*) do território (*matu*) da cidade (*alu*) da Babilônia'" (SCHACHERMEYR, "The genesis of the Greek polis", p. 25). Esse elemento de associação pessoal era uma das características constitutivas da formação da pólis grega, para ele.

[213] LUBAN, "Hannah Arendt as a theorist of international criminal law", p. 635.

em massa, não só em relação ao número de vítimas, mas também no que diz respeito ao número daqueles que perpetraram o crime, e a medida em que qualquer dos muitos criminosos estava próximo ou distante do efetivo assassinato da vítima nada significa no que tange à medida de sua responsabilidade. Ao contrário, no geral *o grau de responsabilidade aumenta quanto mais longe nos colocamos do homem que maneja o instrumento fatal com suas próprias mãos*[214].

Arendt concordava que os "assassinos burocratas" "eram mais culpados que aqueles que realmente operavam a maquinaria de extermínio" e indicou que isto colocou notáveis e legítimas dificuldades para estabelecer responsabilidade pessoal e culpa criminal:

> e as faces daqueles que fizeram o melhor possível, ou antes, o pior possível, para obedecer as ordens criminosas, ainda são muito diferentes daquelas que, dentro de um sistema legalmente criminoso, não obedeceram tanto a ordens quanto fizeram com suas vítimas condenadas o que quiseram[215].

David Luban argumentou que Arendt teria se apegado demasiadamente à associação entre o conceito de *hostis humani generis* e a pirataria, perdendo assim de vista sua intuição inicial de que crimes como o genocídio ofenderiam toda a humanidade, de modo que seria justificada a jurisdição universal sobre eles, independentemente de qualquer relação com a pirataria[216]. Parece-me, todavia, que Arendt antes anteviu nos precedentes reclamados pela corte para justificar jurisdição universal sobre Eichmann uma perigosa cumplicidade com as exceções abrigadas na história do direito (o pirata, o bandido, o selvagem, o vagabundo etc.), e sua busca por transfigurar o sentido

---

[214] ARENDT, *Eichmann em Jerusalém*, p. 268, grifos no original (referência de Arendt à sentença da corte).

[215] Id., "Auschwitz em Julgamento", p. 310.

[216] LUBAN, "Hannah Arendt as a theorist of international criminal law", p. 629.

do *hostis humani generis* seguiu precisamente em direção distinta da apontada pelo texto inspirador de Luban. Não foi Arendt, mas antes a promotoria e a corte, em seu veredicto, quem associou o crime contra a humanidade à pirataria e reclamou, por esse expediente, jurisdição universal sobre Eichmann. Para ela, ele

> foi acusado principalmente de crimes contra o povo judeu, e sua captura, que a teoria de jurisdição universal pretendia desculpar, certamente não se devia ao fato de ele ter também cometido crimes contra a humanidade, mas exclusivamente a seu papel na Solução Final do problema judeu[217].

Embora Arendt tenha omitido que a corte tenha explicitamente interpretado o crime contra o povo judeu como um crime contra a humanidade, à luz da Convenção sobre o Genocídio, é inegável que a corte acabou por reclamar jurisdição universal enumerando variados presumidos precedentes do caso de Eichmann, do tratamento dado aos piratas àqueles dados aos "bandidos" e "vagabundos", o que acabou por deixar tudo realmente bem confuso.

Ronald Berman, em uma resenha entusiasmada de *Eichmann em Jerusalém*, intitulada precisamente "*Hostis humani generis*" – que Arendt qualificou em uma carta a ele como "a mais perspicaz e (...) mais inteligente que apareceu"[218] –, concluiu que "todo o livro foi, em certo sentido, um desenvolvimento em direção à afirmação de que o crime de Adolf Eichmann foi o de *hostis humani generis*"[219]. O autor não problematizou a referência de Arendt a Eichmann como *hostis humani generis* em *Eichmann em Jerusalém*, nem pareceu vislumbrar suas implicações. A imagem de um inimigo monstruoso, inumano, selvagem ou diabólico, que pode ser exterminado à margem da lei,

---

[217] ARENDT, *Eichmann em Jerusalém*, p. 284.
[218] Carta de Arendt para Berman, 30 de setembro de 1963, Correspondence Publishers, 1963, In: *Hannah Arendt Papers*.
[219] BERMAN, "*Hostis humani generis*", p. 546.

não é certamente a resposta que Arendt esperava da "humanidade" aos crimes de Eichmann.

Em que sentido, então, ele "era um tipo novo de criminoso, efetivamente *hostis humani generis,* que comete seus crimes em circunstâncias que tornam praticamente impossível para ele saber ou sentir que está agindo de modo errado"[220], como afirmou Arendt? Ela parece ter pretendido transfigurar o sentido da expressão, assim como fez com o conceito de "mal radical", e desligá-la da sua longa e tortuosa história – e é o caso de nos perguntarmos o quanto isto é possível. Com efeito, essa história impregna o julgamento e certamente é uma das razões de Arendt tanto censurar os responsáveis por ele pelo fracasso ao lidar com o caráter sem precedentes de um novo tipo de crime e de um novo tipo de criminoso. Como bem observa Judith Butler,

> este crime não é um assassinato comum, mas o que ela chama de "massacre administrativo" – este é um crime novo, que depende menos de poder estabelecer intenções psicológicas do que de descrever modos politicamente organizados de obediência acrítica. Nesse sentido, o próprio Eichmann é um novo tipo de pessoa ou um tipo de criminoso sem precedentes e, portanto, os mecanismos e os termos da justiça precisam ser repensados e refeitos para enfrentar essa nova situação[221].

Os juízes em Jerusalém não teriam caído "na armadilha de equacionar esse crime com os crimes de guerra comuns"[222], em que está em questão antes de tudo a perpetração de crueldades para eliminar a oposição ou para atingir qualquer outro propósito utilitário, como a anexação de territórios a serem colonizados pelos vencedores. Os juízes também não teriam caído na armadilha da promotoria, segundo Arendt, que consistiria em identificar o crime contra a

---

[220] ARENDT, *Eichmann em Jerusalém*, p. 299.
[221] BUTLER, "Hannah Arendt's death sentences", p. 288.
[222] ARENDT, *Eichmann em Jerusalém*, p. 298.

humanidade com o número e a magnitude das atrocidades com as quais Eichmann estava envolvido, direta ou indiretamente, sem atentar para o caráter único de sua condição de perpetrador.

Para Arendt, enfim, se a corte em Jerusalém fracassou na definição da justiça na corte dos vitoriosos (também pela ausência de testemunhas de defesa) e na identificação do novo tipo de criminoso que comete o "crime contra a humanidade" (não um monstro, mas "terrível e assustadoramente normal"[223]), teria sido, no entanto, muito mais bem sucedida que o Julgamento de Nuremberg na definição do próprio "crime contra a humanidade". Os juízes em Jerusalém teriam se visto em "conspícuo desamparo" quando se depararam com a tarefa de compreender o criminoso que estavam a julgar, e a referência na sentença a precedentes crimes hediondos – assim como a leis de exceção sobre piratas, bandidos e vagabundos – só fez fragilizá-los ante o enorme desafio de julgar um novo tipo de crime e um novo tipo de criminoso.

Em seu *Justice in Jerusalem*, o olhar retrospectivo de Hausner o fez ponderar que não lidou no julgamento de Eichmann com o lendário crime de Caim que acompanha a humanidade desde seu início, mas com um "novo tipo de assassino", "o homicida burocrata" (*behind the desk*)[224], "um Caim que teria pecado contra a humanidade como um todo"[225]. Embora estas suas considerações tenham destoado de sua retórica em torno do Eichmann monstruoso, tão ou mais responsável que Hitler pela Solução Final, elas reverberaram a sua fala de abertura no julgamento. Em seu discurso, ele indicou que estava em questão um novo tipo de crime e um novo tipo de criminoso, como defendia Arendt, embora já mantivesse que eram as palavras de Eichmann "que colocavam as câmaras de gás em operação":

tivemos de esperar até este século XX para testemunhar com nossos próprios olhos um novo tipo de assassinato: não o resultado da ebulição

---

[223] Ibid., p. 299.
[224] HAUSNER, *Justice in Jerusalem*, p. 324.
[225] Ibid., p. 441.

momentânea da paixão ou do escurecimento da alma, mas de uma decisão calculada e planejamento meticuloso; não através do desígnio maligno de um indivíduo, mas através de uma poderosa conspiração criminosa envolvendo milhares; não contra uma vítima que um assassino pode ter decidido destruir, mas contra uma nação inteira. Neste julgamento, também encontraremos um novo tipo de assassino, o tipo que exerce seu ofício sangrento atrás de uma mesa, e só ocasionalmente o faz com as próprias mãos[226].

Apesar de ser uma defensora, desde a captura de Eichmann, do direito de Israel de julgá-lo, Arendt identificou – com Jaspers, como vimos no último capítulo – numerosas dificuldades que o caso colocava, por sua própria natureza, no que diz respeito, por exemplo, a questões de jurisdição e à definição do tipo de crime e de criminoso aplicáveis a Eichmann e a seus feitos. A clara percepção da relevância do julgamento levou Arendt a refletir sobre possíveis justificativas ou acomodações jurídicas para o fato do rapto, da inexistência do Estado de Israel na época dos crimes, da retroatividade da lei israelense e da exigência de um tribunal internacional no caso do julgamento de crimes contra a humanidade. O ineditismo dos feitos de Eichmann e o caráter especial de sua própria condição de criminoso não poderiam redundar em impunidade. Mas o problema com a lei não era tanto sua retroatividade inevitável, "mas sim sua adequação, sua aplicação a crimes antes desconhecidos"[227]. Arendt acreditava que a humanidade, como comunidade dos indivíduos e dos povos, tinha plena condição de enfrentar estas dificuldades e encontrar nelas ocasião de evidenciar como responderia à altura ataques contra o *status* ou a dignidade do ser humano em sua singularidade e espontaneidade, visando torná-lo supérfluo. Apesar de se referir a um fracasso da corte para lidar com

---

[226] "Trial, Minutes of sessions, English, Nos. 6-8, Prosecutor's opening address", p. 8 (I-1) (In. *Hannah Arendt Papers*). Disponível em: http://www.nizkor.com/hweb/people/e/eichmann-adolf/transcripts/Sessions/Session-006-007-008-01.html.

[227] ARENDT, *Eichmann em Jerusalém*, p. 277.

os desafios concernentes aos aspectos inéditos do julgamento, mesmo tendo em conta o precedente do Julgamento de Nuremberg, Arendt julgava que, em Jerusalém, se fez justiça – ou, mais precisamente, o criminoso foi punido da forma devida, posição cujas implicações examinarei no quarto capítulo.

Arendt citou a indicação do juiz Robert Jackson, em Nuremberg, de que o direito internacional resultaria de acordos, tratados e costumes e que os tempos atuais teriam a prerrogativa de estabelecer acordos e inaugurar costumes que se consolidariam e fortaleceriam o direito internacional, mas notou que ele teria se esquecido de dizer que o inacabamento do direito internacional faria com que fosse "tarefa dos juízes de julgamentos comuns fazer justiça sem a ajuda de leis positivas, postuladas, ou além das limitações a eles impostas por essas leis"[228]. Ela observou que era muito provável que o juiz reclamasse que esta tarefa não lhe competia e sim ao legislador e teria sido isto o que aconteceu em Jerusalém. Os juízes consideraram que "eles não tinham o direito de se transformar em legisladores, que eles tinham de conduzir seus trabalhos dentro dos limites da lei israelense, de um lado, e da opinião geral aceita, de outro"[229]. Ela computou esta convicção entre as razões do "fracasso da corte de Jerusalém". Jacob Robinson julgou que a sugestão de Arendt apontava para um método inadequado de preenchimento das lacunas no direito, e que era inapropriado exigir que uma corte julgasse sem se amparar em leis existentes, pois as cortes não consideram casos por sua própria iniciativa, mas são acionadas pela polícia ou pelo ministério público. Para ele, na prática,

> a *teoria de Arendt do crescimento espontâneo da lei* não ampliaria as funções das cortes, mas antes demandaria que a promotoria ou a polícia definisse atos como criminosos sem se apoiar em qualquer lei. Isto convidaria à anarquia[230].

---

[228] Ibid., p. 296.
[229] Ibid., p. 297.
[230] ROBINSON, *And the crooked shall be made straight*, p. 67, grifos meus.

2. EICHMANN EM JERUSALÉM

Arendt defendeu que a Convenção sobre o Genocídio, de 1948, da qual Israel era signatário, exigiria a instauração de um tribunal internacional ou, na clara impossibilidade deste, que se tentasse "reformular o princípio territorial de forma que se aplicasse a Israel"[231]. Para ela, Eichmann foi julgado principalmente por ter cometido crimes contra o povo judeu, conforme poderia ser atestado pela conduta do julgamento e pela lei sob a qual ele foi julgado. Embora o julgamento do crime contra o povo judeu tivesse contribuído para distinguir entre crimes de guerra e "atos desumanos" e entre estes e o crime contra a humanidade, "cujo intento e propósito eram sem precedentes", em nenhum momento, para Arendt, o tribunal em Jerusalém, nem mesmo na sentença,

> chegou a mencionar a possibilidade de que o extermínio de grupos étnicos inteiros – judeus ou poloneses ou ciganos – pudesse ser mais do que um crime contra o povo judeu ou polonês ou cigano, que a ordem internacional e a humanidade como um todo pudessem ter sido seriamente feridas ou postas em risco[232].

Para a corte, não obstante, ao conceber a lei sob a qual Eichmann estava sendo julgado, Israel atuava em conformidade precisamente com aquela convenção, que recomendava a seus signatários conceber em suas legislações penais nacionais leis que coibissem crimes como o genocídio. A Suprema Corte, ao julgar o recurso de Eichmann, indicou que, ao punir nacionalmente crimes sob o direito internacional, as cortes nacionais não apenas fariam cumprir suas próprias leis, mas operariam como agentes da comunidade internacional, fazendo cumprir o direito internacional[233]. Arendt elidiu que, em seu veredicto, a corte distrital concluiu que

---

[231] ARENDT, *Eichmann em Jerusalém*, p. 284.
[232] Ibid., p. 298.
[233] Cf. Amnesty International, "Eichmann Supreme Court judgment – 50 years on, its significance today", p. 6. "O julgamento também esclareceu que os Estados podem promulgar legislação definindo os crimes sob o direito

é quase desnecessário acrescentar que o "crime contra o povo judeu", que constitui o crime de "genocídio", nada mais é que o tipo mais grave de "crime contra a humanidade" (...). Portanto, tudo que foi dito nos princípios de Nuremberg sobre o "crime contra a humanidade" se aplica *a fortiori* ao "crime contra o povo judeu"[234].

Neste ponto, ela ignorou que a lei de 1950, em sua seção 1, já tipificava como crimes abrangidos por ela o "crime contra o povo judeu", mas também o "crime contra a humanidade" e o "crime de guerra", conforme destacou a corte no início do seu veredicto[235]. Cabe notar ainda, como o fez Jacob Robinson em seus relatos do julgamento de Nuremberg, que os crimes cometidos contra o povo judeu antes da guerra acabaram por não ser considerados crimes contra a humanidade nem a Solução Final um crime específico, o que talvez justificasse em Israel a especificação do "crime contra o povo judeu", mesmo assimilando-o, como é o caso da sentença do julgamento em Jerusalém, ao genocídio[236].

Na sentença em que condenou Eichmann em Jerusalém, a corte mencionou, ao defender a legitimidade de Israel para levar a cabo o julgamento, que Hugo Grotius defendia ser "dever moral de todo Estado soberano (...) exercer o direito natural de punir possuído pelas vítimas do crime, quem quer que sejam", em caso de crimes

---

internacional como crimes em seus códigos penais aplicáveis retrospectivamente, desde que a conduta tenha sido criminosa sob o direito internacional quando foi cometida" (Ibid., p. 5).

[234] "Trial, Minutes of sessions, English, Nos. 115-119, Judgment", p. 25 (In. *Hannah Arendt Papers*). Para William Schabas, a lei israelense teria apenas substituído a definição de genocídio como um crime contra um grupo nacional, étnico, racial ou religioso da Convenção sobre o Genocídio de 1948 pela expressão "povo judeu" (SCHABAS, "The contribution of the Eichmann Trial to International Law", p. 670).

[235] "Trial, Minutes of sessions, English, Nos. 115-119, Judgment", p. 7 (In. *Hannah Arendt Papers*).

[236] MARRUS, "A Jewish Lobby at Nuremberg: Jacob Robinson and the Institute of Jewish Affairs, 1945-46", p. 67.

2. EICHMANN EM JERUSALÉM

que violam de forma extrema a lei da natureza ou a lei das nações[237]. Esse direito natural de punir dos soberanos não se restringiria às ofensas cometidas contra eles ou seus súditos. Em *A verdade e as formas jurídicas*, Michel Foucault assimilou ao surgimento da primeira monarquia medieval, por volta do século XII, uma transfiguração na história do direito consoante a qual o crime constitui uma ofensa ao soberano e "o soberano, o poder político, vêm, dessa forma, dublar e, pouco a pouco, substituir a vítima"[238]. Em sentido análogo, no seu comentário sobre as observações de Grotius, a corte indicou que, com a organização da sociedade, o "direito natural da vítima de punir o criminoso" foi delegado aos procedimentos judiciários. E concluiu que, assim, "o pai do direito internacional lançou as fundações para a definição futura do 'crime contra a humanidade' como um 'crime sob a lei das nações' e para a jurisdição universal em tais crimes"[239]. Seguramente não foi essa concepção de crime contra a humanidade que Arendt julgou capaz de apreender a magnitude e a especificidade dos crimes imputados a Eichmann.

Arendt enfatizou que, no caso de processos criminais, o malfeitor é processado antes de tudo por ter perturbado a ordem pública e ter exposto a comunidade política a grave risco, e não devido a que indivíduos foram prejudicados e exigem reparação – embora esta não seja uma questão irrelevante, uma vez que a lei penal é uma resposta da comunidade aos danos que os cidadãos inevitavelmente provocam entre si e que, mesmo o crime sendo cometido, antes de tudo, contra a comunidade, que tem sua lei violada, o crime representa sempre também um dano para a vítima. Para Arendt, com relação aos processos civis,

> a compensação efetivada nos casos criminais é de natureza inteiramente diferente; é o corpo político em si que exige "compensação", e é a ordem

---

[237] "Trial, Minutes of sessions, English, Nos. 115-119, Judgment", p. 14 (In. *Hannah Arendt Papers*).

[238] FOUCAULT, *A verdade e as formas jurídicas*, p. 66.

[239] "Trial, Minutes of sessions, English, Nos. 115-119, Judgment", p. 14 (In. *Hannah Arendt Papers*).

pública que foi tirada de prumo e tem de ser restaurada, por assim dizer. Em outras palavras, é a lei, não a vítima, que deve prevalecer[240],

e a lei enquanto tradicionalmente compreendida como "fator de estabilização na sociedade"[241], na medida em que, mediante acordos recíprocos, confere "aos assuntos humanos aquele grau de estabilidade sem o qual não poderiam construir um mundo para a posteridade, concebido e destinado para sobreviver a suas vidas mortais"[242].

Isso era precisamente o que a acusação colocava em risco, para Arendt, quando o procurador Gideon Hausner mencionou em seu discurso de abertura que, ao acusar Adolf Eichmann, atuariam com ele "seis milhões de promotores" cujo "sangue clama ao céu", como o de Abel, mas suas vozes não seriam ouvidas[243]. Para Arendt, "com tal retórica a acusação deu substância ao argumento principal contra o julgamento: o de que ele foi instaurado não a fim de satisfazer as exigências da justiça, mas para aplacar o desejo e talvez o direito de vingança das vítimas"[244]. Essa foi apenas uma das severas objeções levantadas por Arendt e um dos motivos de ela considerar que o julgamento em Jerusalém teria fracassado em lidar com um novo tipo de crime e um novo tipo de criminoso. Como veremos no quarto capítulo, a sentença alternativa pronunciada por Arendt ao final de *Eichmann em Jerusalém* a aproximou desconfortavelmente da retórica da promotoria.

---

[240] ARENDT, *Eichmann em Jerusalém*, p. 283.
[241] Id., *A promessa da política*, p. 139.
[242] Id., *Sobre a revolução*, p. 237.
[243] "Trial, Minutes of sessions, English, Nos. 6-8, Prosecutor's opening address", p. 6 (C1) (In: *Hannah Arendt Papers*). Yablonka destacou que Hausner se concebia como uma espécie de profeta antigo reclamando falar em nome das vítimas, fazendo referências explícitas e implícitas à Bíblia ("The Eichmann Trial: was it the Jewish Nuremberg?", pp. 308-309.
[244] ARENDT, *Eichmann em Jerusalém*, p. 283.

2.2. Um julgamento espetáculo? Um julgamento histórico?

Um tema decisivo para a percepção que Arendt teve de todo o julgamento, mesmo antes de ele começar, foram suas suspeitas sobre as intenções de Ben Gurion e sobre suas presumidas intervenções na condução do julgamento por meio da atuação do promotor geral Gideon Hausner. Yosal Rogat observou que Ben Gurion sequer parecia compreender o que estava implicado na reiterada questão sobre o porquê de Eichmann não ser julgado por uma corte internacional quando respondeu que "apenas antissemitas ou judeus com complexo de inferioridade poderiam sugerir que Israel precisa da proteção moral de uma corte internacional"[245]. Embora Arendt compreendesse e partilhasse da crítica de Rogat, ela também ponderou que, para Israel, era inédito e mesmo revolucionário antes de tudo o fato de que pela primeira vez, desde a destruição de Jerusalém pelos romanos no ano 70 d. C., os judeus podiam julgar criminosos que atentavam contra seu povo[246]. Para Ben Gurion, era ainda importante denunciar ao mundo o antissemitismo e mostrar aos jovens de Israel o que aconteceu – "os fatos mais trágicos em nossa história, os fatos mais trágicos na história mundial":

> não me importo se eles querem conhecê-los; eles têm de conhecê-los. Devem aprender a lição de que os judeus não são ovelhas a serem abatidas, mas um povo que pode revidar, como os judeus fizeram na Guerra da Independência[247].

Para Arendt, não havia dúvida de que estas posições definiram a concepção e os propósitos do julgamento sob a direta intervenção de Ben Gurion.

---

[245] BEN GURION, "The Eichmann Case as seen by Ben Gurion" (18/12//1960), p. 7. Cf. ROGAT, *The Eichmann trial and the rule of law*, p. 16 e ARENDT, *Eichmann em Jerusalém*, p. 295.

[246] ARENDT, *Eichmann em Jerusalém*, p. 294.

[247] BEN GURION, "The Eichmann Case as seen by Ben Gurion" (18/12//1960), p. 62.

Na preparação para o julgamento, a questão que se impunha era se seria contada toda a história da Solução Final ou apenas as partes em que Eichmann teve um papel determinante. Acabou predominando uma concepção ampliada do julgamento, sem que houvesse efetiva preocupação com apresentar em primeiro plano a responsabilidade direta de Eichmann por boa parte dos acontecimentos relatados. O objetivo era conferir um significado político, moral e internacional ao julgamento[248]. Embora isso correspondesse às expectativas dos sobreviventes do extermínio e claramente às de Gideon Hausner, foi algo contestado pela defesa e não encampado pelo *Bureau 06*, a seção de investigação policial especialmente montada para preparar a documentação para o julgamento, constituída com policiais experientes, todos de origem germânica e alguns sobreviventes dos campos – a seção rejeitou uma abordagem dramática e sentimental mesmo quando documentou o extermínio de cerca de um milhão e meio de crianças[249].

Outro tema decisivo, uma vez definido o escopo do julgamento, era o papel das testemunhas e a definição de quem seria chamado a testemunhar. Em Nuremberg, praticamente todo o processo foi conduzido com base em documentos, com escassos testemunhos, muitas vezes indiretos[250]. Em Jerusalém, foram convocadas 111 testemunhas, que relataram em primeira pessoa suas atribulações em países, guetos e campos, boa parte dos relatos sem clara conexão com ações específicas de Eichmann. O fato é que em Nuremberg as vítimas não tiveram voz, não lhes foi dada a oportunidade de narrar seus tormentos de sua própria perspectiva[251]. Circulava amplamente a interpretação, contrária à indicação de Arendt de ter havido uma corte dos vitoriosos em Jerusalém, de que, se em Nuremberg os vitoriosos julgaram, agora

---

[248] YABLONKA, "Preparing the Eichmann Trial: who really did the job?", p. 7.

[249] Ibid., p. 4.

[250] BILSKY, "Between justice and politics: the competition of storytellers in the Eichmann Trial", p. 249ss.

[251] Id., "The Eichmann Trial: was it the Jewish Nuremberg?", p. 307.

2. EICHMANN EM JERUSALÉM

quem julgava eram as vítimas[252]. Foi precisamente quanto ao papel das testemunhas que a diferença de abordagem entre o *Bureau 06* e a promotoria ficou mais evidente. A polícia tinha reservas quanto a serem apresentados testemunhos ao vivo no julgamento, sustentando que os testemunhos deveriam ser amparados em documentos e que os documentos têm maior peso probatório que os testemunhos. A promotoria, por seu turno, centrou seu foco nos depoimentos das testemunhas, que foram selecionadas por fatores como:

> uma boa história para contar; representante dos sobreviventes do Holocausto; provenientes de um local específico; ou boa habilidade verbal. Houve alguns que foram selecionados por pressão pessoal, política ou pública, enquanto a escolha de outros foi mera coincidência[253].

Arendt dedicou um breve capítulo de *Eichmann em Jerusalém*, "Provas e testemunhas", a essas questões, e chamou atenção para o caráter problemático da seleção de testemunhas e da própria condução dos depoimentos, muitos dos quais sem qualquer relação passível de ser estabelecida com ações de Eichmann. Ela enfatizou ainda a dificuldade precisamente de "contar uma história", também por eventuais confusões entre memórias imaginadas e acontecimentos,

---

[252] LIPSTADT, *The Eichmann Trial*, p. xii. Cf. Arendt, *Eichmann em Jerusalém*, p. 297.

[253] YABLONKA, "Preparing the Eichmann Trial: who really did the job?", p. 11. "Surpreendentemente, várias fontes mostram que várias potenciais testemunhas judias que se reuniram com os investigadores do *Bureau 06*, relacionadas às atividades de Eichmann antes da guerra, se recusaram a testemunhar. Isso porque o testemunho deles teria ajudado Eichmann. De acordo com eles, na época em que conheceram Eichmann, seu comportamento era bastante regular e decente. Além disso, testemunhas cujo próprio comportamento durante a guerra poderia ter sido questionado durante o julgamento não foram chamados para depor no julgamento, como o Dr. Marmülstein, o último chefe do *Judenrat* em Theresienstadt; nem a acusação chamou testemunhas nazistas, como Kurt Becher, que havia sido o parceiro de negociação de Kastner em Budapeste com relação à deportação dos judeus húngaros" (Ibid., p. 12).

devido à magnitude destes e ao tempo significativo decorrido de suas ocorrências. Ela fez troça do depoimento do escritor K-Zetnik – nome artístico que designava como gíria o interno de campo de concentração –, autor de livros sobre os campos que desandou a conectar Auschwitz com a astrologia e que teria desmaiado durante o depoimento "em resposta" a interrupções do promotor Hausner e do juiz Landau. Todavia, a própria Arendt reconhece que, para além do problema jurídico de testemunhos sem conexão direta com o caso, houveram momentos profundamente reveladores, como o que mencionou Anton Schmidt, sargento do exército alemão que foi preso e executado por ajudar guerrilheiros judeus. Ou ainda o testemunho de Zindel Grynszpan, judeu polonês que vivia na Alemanha há 27 anos e em 1938 foi expulso, tendo menos de um dia para retornar à Polônia, com sua vida em risco, sem poder levar nada de seu[254]. Arendt pôde acompanhar ao vivo o depoimento de Grynszpan e já havia ficado impressionada com sua "brilhante honestidade". Em uma carta a seu marido Heinrich Blücher, ela observou o seguinte:

> um homem velho, com um solidéu de devoto, muito franco e direto. Sem gesticulação. Muito impressionante. Eu disse a mim mesma: *ainda que o único resultado fosse que uma pessoa simples, que de outra forma nunca teria tal oportunidade, tivesse a chance de dizer o que aconteceu, publicamente, em dez frases e sem* pathos, *então tudo isso terá valido a pena*[255].

Em uma carta a Mary McCarthy, já no contexto da polêmica em torno de *Eichmann em Jerusalém*, ela mencionou que um dos três pontos sobre os quais ela teria mudado de opinião em relação a *Origens do totalitarismo* era precisamente sobre a designação dos campos de extermínio como "poços de esquecimento" (os outros pontos seriam a noção de mal radical e o papel da ideologia)[256], certamente pelo

---

[254] Cf. ARENDT, *Eichmann em Jerusalém*, pp. 245-251.
[255] ARENDT; BLÜCHER, *Within four walls*, p. 359 (25/04/1961), grifos meus.
[256] ARENDT; McCARTHY, *Entre amigas*, p. 154 (20/09/1963).

2. EICHMANN EM JERUSALÉM

profundo impacto que alguns dos testemunhos em Jerusalém provocaram nela. E esta é "uma narrativa redentora, redimindo a memória dos mortos, dos derrotados e dos vencidos, tornando presente para nós uma vez mais esperanças fracassadas, seus caminhos não trilhados e sonhos não realizados"[257].

Em *Eichmann em Jerusalém*, tendo em conta precisamente o desfilar de testemunhos, ela concluiu que "os poços de esquecimento não existem. Nada humano é tão perfeito, e simplesmente existem no mundo pessoas demais para que seja possível o esquecimento. Sempre sobra alguém para contar a estória"[258]. Jacob Robinson, que auxiliou diretamente na escolha das testemunhas, operou sob a premissa de que a função do testemunho era antes dar vida aos acontecimentos, "fundamentar conceitos que haviam passado por um processo de trivialização e de fossilização"[259].

A concepção de Hausner do julgamento prevaleceu de modo tão determinante que a imagem legada à posteridade acabou se fundindo com a dele mesmo. Ben Gurion ficou inicialmente apreensivo pelo fato de Gideon Hausner ser o procurador geral e chegou a suspeitar de que ele não estivesse à altura do desafio. A opinião de Hausner sobre si mesmo era bem distinta:

> Hausner se considerava o porta-voz das vítimas da destruição. Ele estava tão convencido da natureza histórica de seu papel que, consciente ou inconscientemente, apropriou-se do julgamento. Ampla documentação comprova essa "apropriação". [Com efeito,] aos seus olhos, este era o julgamento do Holocausto, e ele era o porta-voz ungido para suas vítimas, primeiro autonomeado e depois nomeado pelo público[260].

---

[257] BENHABIB, "Hannah Arendt and the redemptive power of narrative", p. 196
[258] ARENDT, *Eichmann em Jerusalém*, p. 254.
[259] YABLONKA, "Preparing the Eichmann Trial: who really did the job?", p. 13.
[260] Ibid., p. 17.

A sua nomeação como porta-voz pelo público foi alcançada em grande medida por sua exposição reiterada nas rádios e jornais locais, mas também nos serviços de televisão internacionais.

As reservas iniciais de Ben Gurion se converteram em cooperação íntima. Arendt podia apenas suspeitar de que ele era o "diretor de cena do processo"[261], mas hoje há provas profusas de que ele revisou pessoalmente o impactante discurso de abertura de Hausner e cuidou, por exemplo, para que as relações que ele buscava estreitar com a Alemanha de Adenauer não fossem prejudicadas pela identificação da Alemanha da época com a do período nazista ou pela exposição das atividades nazistas de Hans Globke, braço direito de Adenauer. Também interveio para evitar menções às circunstâncias da aniquilação dos judeus na Hungria, tanto no que diz respeito à cooperação da liderança judaica local, quanto à falha da liderança na Palestina para encaminhar a proposta nazista de trocar mercadorias por pessoas. Isto que Arendt podia apenas aventar em *Eichmann em Jerusalém*[262], mesmo em um tom enfático, agora está devidamente documentado. Além de Ben Gurion, ainda intervieram diretamente no julgamento Pinchas Rosen, ministro da justiça conhecido de Arendt que depois atuaria diretamente na campanha contra *Eichmann em Jerusalém*, e Golda Meir, então ministra das relações exteriores e posteriormente primeira ministra (ela interveio especificamente para amenizar eventuais implicações negativas para nações aliadas e para enfatizar vínculos dos nazistas com os árabes)[263].

Hannah Arendt dedicou o primeiro capítulo de *Eichmann em Jerusalém* a descrever o tribunal no qual Eichmann foi julgado. Com o título "A casa da justiça", que, em sua análise, adquire conotações irônicas, ela descreveu o que considerou um espetáculo patético, cuidadosamente planejado para atingir objetivos outros que não o de

---

[261] ARENDT, *Eichmann em Jerusalém*, p. 15.
[262] Ibid., p. 29.
[263] YABLONKA, "Preparing the Eichmann Trial: who really did the job?", pp. 20-22.

2. EICHMANN EM JERUSALÉM

julgar se o acusado era culpado ou inocente do que lhe era imputado. Já na primeira página do livro, ela reclamou da qualidade da tradução simultânea, que seria excelente em francês, mas "uma comédia em alemão", algo que, segundo ela, só poderia ser atribuído a algum favorecimento pessoal ilícito, considerando a quantidade de nascidos na Alemanha vivendo em Israel e a qualidade dos preparativos para o julgamento. Esse seria o tom de Arendt ao longo de todo o seu relato, poupando apenas os juízes, a quem ela louvou precisamente por sua conduta destituída de "traço teatral"[264]. Isso não se aplicaria ao promotor Gideon Hausner, que, embora pretendesse ser o porta-voz das vítimas, era para Arendt antes uma marionete de Ben Gurion.

O caráter de espetáculo do julgamento excederia a conduta de Gideon Hausner, em todo caso, mas não a concepção do julgamento por Israel. Na sessão de abertura do julgamento havia mais de 700 dentre os jornalistas mais destacados dos principais veículos de imprensa de numerosas nações do mundo. Várias biografias sensacionalistas de Eichmann foram publicadas[265] e parte da cobertura jornalística tinha o mesmo tom. Em Jerusalém foram tomadas as providências necessárias para que o evento tivesse um alcance mundial, como pretendia Ben Gurion. Como nenhuma corte em Israel comportaria a cobertura de mídia pretendida, um centro cultural cuja construção estava sendo finalizada foi escolhido para o julgamento. Após indicar que quem escolheu o local do julgamento "tinha em mente um teatro completo, com seu fosso de orquestra e sua galeria, com proscênio e palco, e portas laterais para a entrada dos atores", Arendt observa que certamente era um lugar adequado "para o espetáculo que David Ben Gurion tinha em mente", "o diretor de cena do processo", que "no tribunal fala pela voz de Gideon Hausner", que "faz o que pode para obedecer a seu senhor"[266].

---

[264] ARENDT, *Eichmann em Jerusalém*, p. 14.
[265] CESARANI, *Becoming Eichmann*, pp. 2-3.
[266] ARENDT, *Eichmann em Jerusalém*, p. 15. Yosal Rogat havia antecipado essa impressão em outros termos: "o julgamento ocorreu em uma sala que era

Arendt tributou a Gideon Hausner todos os piores aspectos que ela reconheceu no julgamento: o caráter espetacular; a exploração do sofrimento das vítimas para fins "educacionais"; a prolongação indefinida de todos os procedimentos com vistas a reconstruir o sofrimento dos judeus; a insistência na exploração de fatos que não tinham qualquer conexão direta com as ações do acusado; a incompreensão do criminoso por sua concepção como alguém monstruoso; a incompreensão do novo crime contra a humanidade por sua assimilação às agressões e *pogroms* contra o povo judeu que remeteria ao faraó no Egito[267] etc. Enquanto os juízes estariam a serviço da justiça – que "exige isolamento, admite mais a tristeza do que a raiva, e pede a mais cautelosa abstinência diante de todos os prazeres de estar sob a luz dos refletores" – Hausner estaria a serviço do espetáculo de poder de Ben Gurion, o que o permitia dar entrevistas e aparecer na televisão profusamente, simular publicamente indignação com as mentiras do acusado, além de lançar olhares para a plateia e exibir "a teatralidade de uma vaidade maior do que o normal"[268]. Foi "o peso horripilante das atrocidades" que fez desmoronar o aspecto teatral do julgamento:

> um julgamento-espetáculo (*show trial*), mais ainda do que um julgamento comum, precisa de um roteiro limitado e bem definido daquilo que foi feito e de como foi feito. No centro de um julgamento só pode estar aquele que fez algo – nesse sentido é que ele é comparável ao herói

---

literalmente um teatro; a encenação era a de uma peça de vanguarda. Não apenas as questões morais, mas os cenários eram totalmente em preto e branco. Eles contrastaram as vestes sombrias e pesadas dos juízes e dos judeus ortodoxos, encobrindo a fragilidade individual com solenidade e tradição, com a modernidade irreal da vitrine de vidro de Eichmann, expondo completamente" (ROGAT, *The Eichmann trial and the rule of law*, p. 14, nota 9).

[267] Cf. ARENDT, *Eichmann em Jerusalém*, p. 30.

[268] Ibid., p. 16. Para uma posição crítica a Arendt, que assumiria uma concepção conservadora de jurisprudência, conferir FELMAN, "Theaters of justice: Arendt in Jerusalem, the Eichmann Trial, and the redefinition of legal meaning in the wake of the holocaust", p. 222ss.

2. EICHMANN EM JERUSALÉM

de uma peça de teatro –, e se ele sofre, deve sofrer pelo que fez, não pelo que os outros sofreram[269].

David Cesarani concorda com Arendt:

> o formato do julgamento não era a melhor maneira de estabelecer uma narrativa complexa. O fluxo implacável de testemunhos horríveis era entorpecente. Paradoxalmente, os esforços dos juízes (e da promotoria) para manter o decoro e evitar expressões de emoção não tornavam as provas mais fáceis de digerir, mas tendiam a nivelá-las: "discutiam-se coisas que não são discutíveis". O formato judicial era inevitavelmente alienante e enfadonho. Embora Hausner tenha rejeitado a abordagem predominantemente baseada em documentos usada em Nuremberg, os procedimentos em Jerusalém foram sobrecarregados e atrasados pelo volume de provas em papel. O testemunho era rotineiramente intercalado com material documental destinado a complementar os relatos das testemunhas oculares. De fato, como poucas testemunhas tinham algo a dizer sobre Eichmann, era fundamental trazer documentos que, ao contrário, falassem de seus crimes. Como resultado, no entanto, repórteres e membros do público perderam a paciência com o processo e se afastaram[270].

Houve muita discussão sobre se o julgamento deveria ser exibido para além do espaço do tribunal, mas presumidamente com base no princípio de que "sem publicidade não há justiça"[271], prevaleceu a decisão de televisionar o julgamento, com objeção de Servatius, defensor de Eichmann, que julgava que a filmagem comprometeria o julgamento por induzir uma condenação prévia do acusado. Foi arranjado para que fossem instaladas câmeras tão ocultas quanto possível e foi firmado um contrato de transmissão com uma companhia

---

[269] ARENDT, *Eichmann em Jerusalém*, p. 19.
[270] CESARANI, *Becoming Eichmann*, p. 338.
[271] Ibid., p. 254.

de TV estadunidense, pois não havia tecnologia suficiente para a tarefa em Israel. As fitas gravadas eram enviadas diariamente para Nova York pelo aeroporto de Lod. Com isto, embora os israelenses tenham acompanhado o julgamento principalmente por rádio e jornais[272], nos EUA, pela diferença de fuso horário, era exibido na televisão quase no mesmo horário em que havia sido filmado em Israel oito horas antes[273]. O registro foi o primeiro documentário televisivo de alcance global, sendo transmitido quase simultaneamente em vários países, incluindo a Alemanha. Além da transmissão do julgamento em circuito interno de TV com tradução simultânea para que os jornalistas pudessem acompanhar, haviam transcrições diárias traduzidas para três idiomas para difusão na manhã seguinte. Isto deu ampla publicidade e engajamento ao julgamento, principalmente em seu início, e o fez acolher interrupções frequentes na transmissão para que fosse feita propaganda imobiliária – "sempre os negócios!", anotou Arendt[274].

Um incômodo traço espetacular rondava toda a história em torno de Eichmann, não apenas o julgamento. A publicação na revista *Life* da versão editada das entrevistas de Eichmann na Argentina com o jornalista nazista holandês Willem Sassen e a própria publicação inicial de *Eichmann em Jerusalém* em cinco partes na revista *The New Yorker* não eram exceções. Ambas as revistas possuíam em suas páginas uma quantidade exorbitante de publicidade de produtos supérfluos e de luxo que faziam com que frequentemente se estivesse a ler histórias terríveis ao lado de propagandas pavorosamente frívolas

---

[272] "Encontrou-se gente ouvindo atentamente os procedimentos (partes foram transmitidas pelo rádio), com os ouvidos grudados em rádios na rua e nos locais de trabalho – tanto que o governo teve que emitir uma circular determinando que os servidores públicos não ouvissem durante o horário de expediente. As pessoas organizavam seus horários de acordo com a transmissão e, particularmente, seguiam o resumo diário após o noticiário das sete da noite" (ROBINSON, *And the crooked shall bem ade straight*, p. 137).

[273] CESARANI, *Becoming Eichmann*, p. 254.

[274] ARENDT, *Eichmann em Jerusalém*, p. 16.

2. EICHMANN EM JERUSALÉM

– também daqui se poderia dizer: "sempre os negócios!". De outra parte, o interesse sempre renovado pelo personagem Eichmann não deixou de alimentar a produção de filmes documentais e de ficção de qualidade variada, além de obras literárias das mais variadas matizes. Um exemplo qualificado do renovado interesse pelo tema "Eichmann" foi precisamente o filme ficcional *The Eichmann Show*, produzido pela BBC em 2015. O filme retrata os bastidores do registro audiovisual e a interferência da abordagem televisiva, acentuando o traço já marcadamente aterrorizante e dramático do julgamento. A BBC também produziu um breve documentário de meia hora debatendo o significado do julgamento e examinando questões levantadas pelo próprio filme ficcional. Recentemente, a divulgação de um documentário a partir das entrevistas que Eichmann concedeu a Sassen na Argentina, cujo conteúdo é conhecido há décadas, mereceu destaque, em geral sensacionalista, em jornais mundo afora.

David Cesarani concordou com Arendt quando afirmou que "os juízes que foram nomeados para julgar o caso estavam determinados a impedir que ele degenerasse em uma espetacular aula de história. Em última análise, eles falharam, embora ainda tenham conseguido garantir que o julgamento fosse justo"[275]. Para "conduzir os procedimentos dentro dos padrões de uma corte de julgamento normal", "o juiz Landau estava fazendo um esforço quase desesperado"[276]. Arendt reclamou que Servatius quase nunca teria protestado contra a degeneração do julgamento em um "espetáculo sangrento"[277], mas na primeira sessão ele apresentou objeções contundentes que iam direto ao tema das consequências deletérias da exposição midiática e da interferência política para a correção do julgamento.

> O público, no caso diante de nós, é o mundo. A Corte confirmou isso em sua decisão anterior sobre a aprovação de transmissões televisivas

---

[275] CESARANI, *Becoming Eichmann*, p. 254.
[276] ARENDT, *Eichmann em Jerusalém*, p. 251.
[277] Ibid., p. 19.

para o público mundial. Personalidades bem conhecidas nos assuntos públicos mundiais levantaram dúvidas. Eles sugeriram a criação de um tribunal neutro, um tribunal internacional ou um tribunal misto. Isso deveria ter sido feito. O medo do prejulgamento também surge das seguintes questões. Não se trata aqui de um processo penal regular em que se deve considerar os atos praticados com uma inclinação criminal individual. Estamos falando da consideração da participação em processos que eram processos políticos. Estes são atos em que o Estado de Israel e o povo judeu têm um interesse político. A isso se deve somar a influência da imprensa política mundial, que já condenou o acusado: sem ouvi-lo. Este interesse político, que é a causa motivadora deste julgamento, é capaz de ter uma influência substancial sobre os juízes[278].

Para Arendt, era parte do espetáculo o esforço da promotoria por tornar as sessões intermináveis. Como ela disse em uma carta a Jaspers, após ter assistido apenas as quatro primeiras sessões da fase preliminar do julgamento, "a coisa está configurada de tal modo que, a não ser que aconteça um milagre, possa durar até o dia do Juízo Final"[279]. Logo a seguir a essas sessões, tem início o discurso de abertura de Gideon Hausner, que tomaria três sessões. Ao final da quinta seção, a primeira de seu discurso, ele relatou no livro que escreveu após o julgamento que um funcionário público experiente, que era seu amigo, se dirigiu a ele com preocupação dizendo que enquanto o advogado de defesa era conciso em suas falas, as respostas dadas a ele eram muito longas, o que poderia passar a impressão de que as contestações dele eram muito fortes. Além disso, o funcionário manifestou preocupação com o fato de que os jornalistas permaneceriam pouco tempo e que acabariam mal vendo o julgamento devido ao longo e aborrecido debate jurídico inicial. Para Hausner, era precisamente isso o que provava que a condução estava correta: "havia muita verdade

---

[278] "Trial, Minutes of sessions, English, Nos. 1-5", p. 18 [F1].
[279] ARENDT; JASPERS, *Briefwechsel – 1926-1969*, p. 471 (13/04/1961).

nisto, como provaram as manchetes do dia seguinte, tanto no país como no exterior. *Mas isto foi um julgamento, não um espetáculo*; não se podia evitar"[280].

Para Hanna Yablonka, julgamentos altamente publicizados do século XX podem ser classificados em "julgamentos criminais", "julgamentos espetáculo" ou "julgamentos históricos", sendo apenas o primeiro tipo uma definição estritamente jurídica, e não social ou cultural. Claramente, para ela, o julgamento de Eichmann não foi estritamente criminal, mas também não foi um julgamento espetáculo, no sentido de ser uma estrita encenação para fortalecer um regime e cujos resultados já são conhecidos por antecipação. Embora em alguma medida esses aspectos estivessem presentes, a condução do julgamento, principalmente por parte dos juízes – ao basearem a condenação de Eichmann em evidências documentais e a fundamentarem na lei com base na qual ele foi acusado –, o distanciou de ser um mero espetáculo ou apenas um ato de vingança. Yablonka considerou que o caso de Eichmann em Jerusalém foi antes um julgamento histórico, "no sentido de que contou a história de um evento, graças à escolha das testemunhas"[281]. Afirmou-se singular em relação a Nuremberg precisamente por ter em seu centro o extermínio dos judeus, não sendo assim, como sugeriu Arendt[282], apenas mais um dos julgamentos sucessórios de Nuremberg. Além disso, a Lei de Punição dos Nazistas e seus Colaboradores, de 1950, não era uma lei dos vitoriosos ou de um Estado afirmando sua soberania, tendo sido antes aprovada com a inclusão da tipificação dos "crimes contra os judeus" como um tipo específico do crime contra a humanidade, por pressão do parlamento, cujos membros eram em grande medida sobreviventes[283].

---

[280] HAUSNER, *Justice in Jerusalem*, p. 312, grifos meus.
[281] YABLONKA, *The state of Israel vs. Adolf Eichmann*, p. 241.
[282] ARENDT, *Eichmann em Jeruasalém*, pp. 285-286.
[283] YABLONKA, *The state of Israel vs. Adolf Eichmann*, p. 243.

Em sua sentença, os juízes deixaram claro que mesmo um julgamento histórico é uma espécie de extrapolação do processo legal, que colocaria em risco a própria justiça ao tentar fornecer, no caso específico, uma descrição histórica abrangente da tentativa de extermínio dos judeus pelos nazistas. Para eles, os procedimentos do tribunal não eram uma plataforma adequada para propósitos educacionais, para além do valor educacional presumível do próprio julgamento. Elementos educacionais e conclusões históricas só poderiam ser efeitos colaterais não planejados do julgamento[284]. Essa era também claramente a posição de Arendt, para quem o julgamento deveria lidar com os feitos do acusado, "não o sofrimento dos judeus, nem o povo alemão, nem a humanidade, nem mesmo o antissemitismo e o racismo", pois "o objetivo de um julgamento é fazer justiça, e nada mais; mesmo o mais nobre dos objetivos ulteriores (...) só pode deturpar a finalidade principal da lei: pesar as acusações contra o réu, julgar e determinar o castigo devido"[285].

Ademais, se fosse mesmo o caso de estabelecer os fatos, deveria ser enfrentada a questão da colaboração de parte da liderança judaica e também a do ubíquo envolvimento de grande parte dos alemães, muitos deles ocupando posições de destaque na Alemanha de Adenauer – precisamente isso Hausner não admitia, exibindo os riscos de um julgamento "histórico" conduzido por um Estado. Pouco antes do início do julgamento, em uma comunicação ao Ministério de Relações Exteriores, comandado por Golda Meir, ele observou:

> o que vou dizer aqui... realmente deve permanecer entre nós e essas quatro paredes e não deve ser citado, pois os primeiros direitos [ao que estou prestes a dizer] sobre essas questões pertencem exclusivamente ao tribunal. *Qualquer pessoa envolvida em propaganda sabe que não é tão importante o que acontece, mas como é descrito.* E este julgamento, que é a primeira oportunidade que a nação judaica teve de levar à justiça

---

[284] Ibid., p. 248.
[285] ARENDT, *Eichmann em Jeruasalém*, pp. 15 e 275.

2. EICHMANN EM JERUSALÉM

[seus] perseguidores, é da maior importância em *relação a como as coisas serão descritas e compreendidas, e se algo será aprendido com elas... Este é um julgamento contra o regime nazista e contra o setor que foi dirigido contra o povo de Israel. Não é um julgamento de judeus contra gentios... nem seria sábio do ponto de vista político descrevê-lo assim, e não será apresentado como tal. E em nossa propaganda, não coloquemos muita ênfase no mundo malvado que permaneceu em silêncio. Esta será uma conclusão a que podemos chegar...* tal contabilização será feita de forma histórica. A época não está madura para isso. É fácil falhar. Estou avisando vocês. O fato de que a Grã-Bretanha não nos forneceu certificados [de imigração], quando ainda era possível salvar judeus, o fato de que a Rádio Londres sabotou as negociações para resgatar os judeus da Hungria, ao anunciá-las imediatamente, tudo isso constitui o longo acerto histórico de nossa nação. Essas coisas virão à tona com o tempo... o lugar [para elas] não é aqui. Tampouco é este o lugar para acertar contas internas judaicas. Houve judeus que, sob o terrível impacto da perseguição nazista, perderam sua judeidade e humanidade. Alguns eram colaboradores; havia uma força policial judaica nos guetos... *[mas] ... também havia resistentes. Mas... não vamos permitir que o julgamento contra o destruidor se transforme em um [lugar para] esclarecer como as vítimas deveriam ter resistido. E eu lhe pediria para não entrar nesse capítulo*[286].

Se o julgamento foi decisivo para tornar a catástrofe do extermínio dos judeus uma questão de todos, seu papel na autocompreensão dos israelenses teve efeitos nem sempre desejáveis no manejo dos conflitos externos, como destacou Yablonka, e seu legado para o direito internacional permaneceu ambíguo. A insistência de Arendt em que a tarefa exclusiva do julgamento seria a responsabilização pessoal de Eichmann por seus feitos e a aplicação da pena prevista também estava

---

[286] Citado em YABLONKA, *The state of Israel vs. Adolf Eichmann*, pp. 244-245, grifos no original. Valeria aqui a observação de Telford Taylor sobre o julgamento em Nuremberg: "sobre esses assuntos, o Tribunal estava se envolvendo em meias verdades, se é que existem tais coisas" (TAYLOR, *The anatomy of Nuremberg Trials – a personal memoir*, p. 555).

longe de ser incontroversa. Ainda que o foco em Eichmann tenha tido como consequência a ampliação da compreensão da catástrofe para além da imagem dos perpetradores monstruosos, o foco estrito na responsabilidade individual poderia servir como um álibi para que a população em geral se eximisse da responsabilidade. Além disso, é difícil imaginar como a responsabilidade pessoal de alguém como Eichmann pode ser estabelecida sem uma adequada reconstrução histórica do sistema no qual ele atuava.

No resumo com que iniciou o capítulo *"Between impunity and show trials"*, de seu livro *The politics of internacional law* (2011), Martti Koskenniemi observou:

> tenho me preocupado com o entusiasmo com que os advogados internacionais, nas últimas duas décadas, se lançaram na "luta contra a impunidade". Este capítulo examina os lados obscuros desse projeto, em particular a fragilidade do vocabulário do direito penal em "lidar com o passado" de forma justificável. A atenção estará especialmente voltada para a forma como o direito penal sempre sustentará a hegemonia de algumas contestadas narrativas sobre outras e o poder político daqueles que contam com essa narrativa para justificar o que fazem ou fizeram[287].

Com efeito, a capacidade do tribunal para estabelecer a verdade, como bem observaram os juízes em Jerusalém, foi sempre limitada: "quanto mais amplo for o contexto em que a culpa individual deve ser compreendida, e quanto mais tal entendimento se submeter às contingências da interpretação histórica, mais evidentes serão os limites do processo penal para alcançar a 'verdade'"[288]. As pretensões histórico-pedagógicas, nacionalistas e geopolíticas associadas ao caso Eichmann acabaram por colocar em risco justamente um dos aspectos virtuosos do julgamento: a individualização das responsabilidades mesmo em um sistema que se estruturou para anulá-las. A questão

---

[287] KOSKENNIEMI, *The politics of international law*, p. 171.
[288] Ibid., p. 179.

que permanece em aberto é se um julgamento como este, e este específico em que falavam pela primeira vez as vítimas dos campos de extermínio, poderia ou deveria ser diferente[289]. Em uma resenha de *O vigário,* de Hochhuth, Susan Sontag, por exemplo, concordou com Arendt que vários testemunhos não tinham relação direta com os feitos de Eichmann que estavam em julgamento, mas pondera que

> o julgamento era uma tentativa de tornar compreensível o incompreensível. Para este fim, enquanto Eichmann sentava impassível com seus óculos em sua gaiola de vidro à prova de balas (...) um grande lamento fúnebre coletivo era encenado no tribunal (...). A função do julgamento era como a do drama trágico: acima e além do julgamento e do castigo, a catarse[290].

---

[289] Para Leora Bilsky, o protagonismo das vítimas foi decisivo não apenas para o registro histórico, mas para a própria determinação da culpa criminal. Cf. BILSKY, "The Eichmann Trial: towards a jurisprudence of eyewitness testimony of atrocities", p. 13ss.

[290] SONTAG, *Against interpretation and other essays*, p. 126.

3.
A "HUMANIDADE" NO CRIME CONTRA A HUMANIDADE

> A humanidade não avança; ela nem mesmo existe[291].
>
> Friedrich Nietzsche

A "humanidade" (*Menschheit*) é um instrumento ideológico especialmente útil para expansões imperialistas, sendo, em sua forma ético-humanitária (*ethisch-humanitären*), um veículo específico do imperialismo econômico. Para tanto, se aplica com uma simples modificação, uma frase cunhada por Proudhon: quem diz humanidade, pretende enganar. Portar o nome de "humanidade", referir-se à humanidade, confiscar essa palavra, tudo isso poderia – uma vez que não se podem portar tais nomes sublimes sem determinadas consequências – manifestar

---

[291] *The will of power*, nº 90, p. 55. Citado em ARENDT, *A vida do espírito*, p. 425.

> tão-só a terrível exigência de que o inimigo seja destituído da qualidade de ser humano, de que seja declarado *hors-la-loi* e *hors l'humanité* e, assim, de que se deva levar a guerra até a extrema desumanidade[292].
>
> Carl Schmitt

3.1. Crime contra a humanidade

Para tentar compreender por que Eichmann e outros como ele são "efetivamente *hostis humani generis*", como formulou Arendt, teremos de discernir que noção de humanidade está implicada quando ela falou de "*humani generis*" ou quando buscou conceituar o "crime contra a humanidade". A analogia com a pirataria, em todo o caso, empregada pela acusação e pela corte – e inicialmente também por ela mesma, como indicamos –, foi criticada por Arendt porque os piratas atuam em alto-mar, "uma terra de ninguém", e sem respeitar qualquer bandeira, estando sozinhos no negócio:

> certamente ninguém afirmará que Eichmann estava sozinho no negócio ou que não admitia obediência a nenhuma bandeira. Nesse caso, a teoria da pirataria serviu apenas para eludir um dos problemas fundamentais formulados por crimes desse tipo, ou seja, que eles são e só podem ser cometidos por uma *lei* criminosa e num *Estado* criminoso[293].

Pouco antes do início do julgamento, Arendt reconheceu a Jaspers que sua teoria da pirataria não funcionava, pois é essencial o fato de o pirata agir por motivos privados, como insistia Carl Schmitt, por exemplo.

---

[292] SCHMITT, *O conceito do político*, p. 59.
[293] ARENDT, *Eichmann em Jerusalém*, p. 284, grifos no original.

3. A "HUMANIDADE" NO CRIME CONTRA A HUMANIDADE

Não obstante isto, Arendt avaliou que, sem o conceito de *hostis humani generis,* seria difícil lidar com as questões levantadas pelo julgamento, desde que os crimes de Eichmann fossem interpretados como "crimes contra a humanidade" (*Verbrechen gegen Menschheit*) e não como "crimes contra o sentimento de humanidade ou o humanitário" (*Verbrechen gegen Menschlichkeit*)[294]. Essa distinção inusual chamaria atenção de Jaspers e ele a empregaria na entrevista que concedeu a François Bondy, mencionada em *Eichmann em Jerusalém*[295]. Para ele, era importante ter em mente a importância e a singularidade do "crime contra a comunidade dos seres humanos", na medida em que permitiria compreender o projeto de extermínio do povo judeu como um modelo para crimes futuros com relação aos quais nenhum ser humano estaria a salvo. Também por isso, insistiu Jaspers, um crime desta natureza não deveria ser julgado por um único Estado, mas por toda a humanidade então ameaçada[296]. Em 1965, comentando essa distinção em uma longa intervenção no debate na Alemanha Ocidental sobre a prescrição de assassinatos perpetrados sob o nazismo, Jaspers observou que o crime contra a humanidade (*Menschheit*) consiste no fato de que um grupo humano pretende definir que outro determinado grupo humano – e indivíduos pertencentes a ele, supostamente marcados por características imutáveis – deveria ser exterminado[297].

Arendt julgava que a incorporação da noção de brutalidade gratuita na noção de crime contra a humanidade, mediante a noção de "atos desumanos", indispensável à tipificação dos crimes de guerra, fez com que a definição desse crime na Carta de Nuremberg fosse "desastrada"[298]. Para ela, a expressão "atos desumanos" – que eventualmente poderia resvalar em algum sentimentalismo ou depender

---

[294] ARENDT; JASPERS, *Briefwechsel*, p. 459 (05/02/1961).
[295] ARENDT, *Eichmann em Jerusalém*, p. 292.
[296] JASPERS; BONDY, "Who should have tried Eichmann?", pp. 855-856.
[297] JASPERS, *Für Völkermord gibt es keine Verjährung*, p. 137. Cf. LAFER, "Reflexões sobre a atualidade da análise de Hannah Arendt sobre o processo Eichmann", p. 29ss.
[298] ARENDT, *Eichmann em Jerusalém*, p. 279.

de uma difícil demarcação entre o que é "humano" e o que é "desumano" –, era "desastrada" antes de tudo por associar o "crime contra a humanidade" ao "excesso criminoso na condução da guerra e na busca da vitória", como se fosse algo que pudesse ser assimilado a propósitos utilitários.

O artigo 6(c) da Carta é bastante claro ao tipificar o crime contra a humanidade como

> homicídio, extermínio, escravização, deportação e outros atos desumanos cometidos contra qualquer população civil, antes ou durante a guerra, ou perseguições por motivos políticos, raciais ou religiosos na execução ou em ligação com qualquer crime sob a jurisdição do Tribunal, violando ou não as leis nacionais do país onde foi perpetrado[299].

Nem a brutalidade gratuita nem a conexão com o esforço de guerra são elementos indispensáveis na Carta para a tipificação desses crimes, diferentemente do que sugeriu Arendt. Não obstante, ela reconheceu que a centralidade do crime cometido contra o povo judeu no julgamento em Jerusalém foi decisiva para esclarecer a diferença "entre 'atos desumanos' (realizados com algum propósito conhecido, embora criminoso, como a expansão pela colonização) e o 'crime contra a humanidade', cujo intento e propósito eram sem precedentes"[300].

A natureza do crime contra a humanidade, insistiu Arendt, dá-se a ver antes de tudo quando se tem clareza das distinções entre as políticas de discriminação, expulsão e genocídio, levadas a cabo pelos nazistas contra os judeus e outros. A dificuldade para incorporar as singularidades dessas iniciativas pela corte em Jerusalém, embora prejudicial ao enfrentamento das questões centrais do julgamento, seria, no entanto, compreensível, considerando a história de perseguição e *pogroms* contra o povo judeu[301]. A discriminação legal e a expulsão

---

[299] *Charter of the International Military Tribunal*, p. 288.
[300] ARENDT, *Eichmann em Jerusalém*, p. 298.
[301] ARENDT considerou novamente essa ideia de uma perseguição ininterrupta e indistinta aos judeus do fim do Império Romano até Hitler no prefácio de

3. A "HUMANIDADE" NO CRIME CONTRA A HUMANIDADE

certamente não eram sem precedentes, mesmo que não tenhamos em conta apenas o povo judeu, mas o crime do genocídio certamente era – como propósito deliberado não de subjugar um povo com todos os meios disponíveis, mas de exterminá-lo, a qualquer custo, mesmo ao custo de prejuízos econômicos e de capacidade bélica. Certamente o crime de expulsão já é uma ofensa à comunidade das nações, mas

> foi quando o regime nazista declarou que o povo alemão não só não estava disposto a ter judeus na Alemanha, mas desejava fazer todo o povo judeu desaparecer da face da Terra que passou a existir o novo crime, o crime contra a humanidade (*humanity/Menschheit*) – no sentido de "crime contra o *status* humano", ou contra a própria natureza do gênero humano (*mankind/Menschengeschlechtes*). A expulsão e o genocídio, embora sejam ambos ofensas internacionais, devem ser mantidos distintos; a primeira é uma ofensa contra as demais nações, enquanto o último é um ataque à diversidade humana enquanto tal, isto é, a uma característica do "*status* humano" sem a qual os próprios termos "humanidade" e "gênero humano" seriam sem sentido[302].

Arendt falou de "*status* humano" (*human status/Status des Menschseins*), como qualidade ou dignidade específica do ser humano; de humanidade (*humanity/Menschheit*), como comunidade dos povos e de seres humanos plurais; de gênero humano (*mankind/Menschengeschlechtes*), no sentido de "soma total dos seres humanos"[303],

---

1967 adicionado à primeira parte de *Origens do totalitarismo*. Se em *Eichmann em Jerusalém* ela falou de um equívoco inevitável (p. 290), em *Origens do totalitarismo* fala de um nocivo preconceito (cf. pp. 17-18).

[302] ARENDT, *Eichmann em Jerusalém*, p. 291. Alterei a tradução brasileira nesse ponto, uma vez que "without which the very words 'mankind' or 'humanity' would be devoid of meaning" foi traduzido como "sem a qual a simples palavra 'humanidade' perde o sentido". Apesar da dificuldade com as distinções de Arendt nesse movimento, elas são decisivas para a compreensão de sua noção de crime contra a humanidade.

[303] Em *A condição humana*, com efeito, Arendt traduz o conceito romano de *societas generis humani* por "sociedade da espécie humana" (*man-kind/*

dos seres humanos como espécie; e de "sentimento de humanidade", por assim dizer, para traduzir *Menschlichkeit*. Para ela, penso eu, o novo crime contra a humanidade viola simultaneamente os três primeiros sentidos, cujos significados, cabe notar, se sobrepõem muito frequentemente, não apenas na fala comum, mas nos próprios textos de Arendt. Certamente, não obstante, ainda que o caráter hediondo dos crimes ofenda a sensibilidade da maioria das pessoas, deve ser afastada da tipificação do crime contra a humanidade qualquer concepção ingênua de um presumido sentimento natural compartilhado de bondade humana, de compaixão universal ou de natural aversão ao sofrimento alheio.

O problema da tradução de "crime contra a humanidade" em alemão e suas implicações conceituais apareceu nas seções finais do julgamento de Eichmann. Na seção 114 do julgamento, Robert Servatius, advogado de defesa de Eichmann, referiu-se ao crime contra a humanidade em alemão como "*Verbrechen gegen die Menschlichkeit*", e foi interrompido pelo presidente da corte, Moshe Landau, que indicou a ele que, usualmente, a noção de "crime contra a humanidade" é traduzida em Israel como "*Verbrechen gegen die Menschheit*". Para Servatius, tratava-se de um problema linguístico o fato de "*humanity*", em inglês, ser traduzido indistintamente para o alemão como "*Menschlichkeit*" ou "*Menschheit*". Segundo ele, "*Menschheit*" era um "âmbito espacial" (*ein räumlicher Bereich*), sem explicar o que queria dizer com isso, e "*Menschlichkeit*" era uma questão de caráter, o que teria mais a ver com um ato "inumano" (*unmenschlich*). Servatius afirmou pressupor que a Lei contra os Nazistas e seus Colaboradores, de Israel, seguia a Carta de Nuremberg, o que implicaria em traduzir "*humanity*" por "*Menschlichkeit*" – embora ele julgasse ser indiferente traduzir por uma ou outra dessas palavras. Moshe Landau insistiu,

---

Menschengeschlechtes) em referência à vida gregária da espécie humana, comum a outras espécies. Para se referir aos seres humanos em conjunto, como comunidade atual dos indivíduos humanos, ela usará as palavras "*mankind*" e "*Menschheit*". Cf. *A condição humana*, p. 29 e *Vita activa oder Vom tätiger Leben*, p. 321, nota 4.

3. A "HUMANIDADE" NO CRIME CONTRA A HUMANIDADE

não obstante, que, enquanto "*humanity*" poderia ser traduzida pelas duas palavras mencionadas em alemão, a palavra em hebraico empregada pelos legisladores israelenses (*Enoshut*) "significa '*Menschheit*' em alemão e, é claro, devemos nos guiar pela linguagem de nossos legisladores"[304].

Ocorreu que os crimes contra a humanidade – definidos na Carta de Nuremberg também, mas não apenas, como "atos desumanos" –, foram traduzidos para o alemão, destacou Arendt, confirmando Servatius, como "*Verbrechen gegen die Menschlichkeit*", "como se esse crime também fosse uma questão de excesso criminoso na condução da guerra e na busca da vitória"[305], e "como se os nazistas simplesmente fossem desprovidos de bondade humana, certamente o eufemismo do século"[306]. Para ela, muito mais que tecnicalidades de tradução, estava em jogo a própria concepção sobre que humanidade era violada pelos crimes contra a humanidade. Com efeito, não foram poucos os que o interpretaram como um crime que revelava a falta de um sentido de humanidade, de empatia ou de compaixão, o que pode ser "muito fraco e muito indiscriminado", podendo ser aplicado desde o abuso de menores ao tratamento cruel dispensado aos animais[307]. Não por acaso, em *Origens do totalitarismo*, quando Arendt falou do idealismo bem intencionado dos defensores dos direitos humanos, que se mostrou inoperante no caso dos apátridas, ela afirmou que

> o pior é que as sociedades formadas para a proteção dos Direitos do Homem e as tentativas de se chegar a uma nova definição dos direitos humanos eram patrocinadas por figuras marginais – por alguns poucos juristas internacionais sem experiência política, ou por filantropos apoiados pelos incertos sentimentos de idealistas profissionais. Os grupos

---

[304] "Trial, Minutes of sessions, German, Nos. 112-114", *Hannah Arendt Papers*, p. K1.
[305] ARENDT, *Eichmann em Jerusalém*, p. 279.
[306] Ibid., p. 298.
[307] VERNON, "What is Crime against Humanity?", p. 237.

que formavam e as declarações que faziam tinham uma estranha semelhança de linguagem e composição com os das sociedades protetoras dos animais[308].

Um dos movimentos mais célebres de *Origens do totalitarismo* é precisamente a análise das implicações da condição de apátrida e do próprio fato da apatridia para a noção de direitos humanos presumida nas declarações de direitos, como a "Declaração dos direitos do homem e do cidadão" no âmbito da Revolução Francesa. Após a Primeira Guerra Mundial, a conjunção do esfacelamento de Estados-nações com a profusão de povos sem Estado – além da profunda crise econômica, da fragilidade dos tratados de minorias e do "idealismo fútil" ou da "tonta e leviana hipocrisia" evidenciados no discurso sobre "direitos humanos"[309] – fez com que a multiplicação de apátridas exibisse o mais doloroso paradoxo da política contemporânea:

> a discrepância entre os esforços de idealistas bem intencionados, que persistiam teimosamente em considerar "inalienáveis" os direitos desfrutados pelos cidadãos dos países civilizados, e a situação de seres humanos sem direito algum[310],

a quem acabou restando o campo de internamento como solução de rotina. Concebida durante tanto tempo à imagem de uma família de nações, a humanidade "havia alcançado o estágio em que a pessoa expulsa de uma dessas comunidades rigidamente organizadas e fechadas via-se expulsa de toda a família das nações"[311].

Era significativo, insistiu Arendt, que os direitos humanos inalienáveis, fundados na própria concepção da dignidade de um ser

---

[308] ARENDT, *Origens do totalitarismo*, p. 326.
[309] Ibid., p. 302.
[310] Ibid., p. 312.
[311] Ibid., p. 327.

3. A "HUMANIDADE" NO CRIME CONTRA A HUMANIDADE

humano abstrato naturalmente portador de direitos, paradoxalmente se esvanecessem sempre que um indivíduo perdia seus direitos nacionais e dependia apenas desses direitos inalienáveis. Um dos aspectos relevantes da significância do julgamento de Eichmann em Jerusalém seria justamente o fato de Israel não precisar recorrer à "comprometida fraseologia dos direitos do homem"[312] para julgar crimes cometidos contra seu povo. O que ficou claro foi que "a calamidade dos que não têm direitos" decorria antes "do fato de já não pertencerem a qualquer comunidade" e que "a privação fundamental dos direitos humanos se manifesta, primeiro e acima de tudo, na privação de um lugar no mundo que torne a opinião significativa e a ação eficaz"[313]. Quando foram proclamados os direitos humanos, como direitos a-históricos, compreendia-se que

> deveriam permanecer válidos e reais mesmo que somente existisse um único ser humano na face da terra; não dependem da pluralidade humana e devem permanecer válidos mesmo que um ser humano seja expulso da comunidade humana, [mas o apátrida deu a ver, asseverou Arendt, que] só a perda da própria comunidade é que o expulsa da humanidade[314].

A humanidade seria então, para Arendt, nesse ponto, uma comunidade de comunidades. De fato, *"o respeito à dignidade humana*

---

[312] Id., *Eichmann em Jerusalém*, p. 294. Seria enganoso supor que Arendt convergiria aqui com Ben Gurion em sua defesa de que apenas uma corte de Israel poderia ou tinha o direito julgar Eichmann (ROGAT, *The Eichmann trial and the rule of law*, p. 33). Arendt enfatizou antes a importância de os judeus, como qualquer outro povo, terem se constituído como povo em uma comunidade politicamente organizada. Para ela, era um problema "um Estado específico conduzir o julgamento de Eichmann exclusivamente em nome de sua própria população" (BUTLER, "Hannah Arendt's challenge to Adolf Eichmann". *The Guardian*, 29/08/2011). Não parece haver qualquer ponto de concordância relevante entre Arendt e Ben Gurion no que eles manifestaram publicamente sobre o julgamento de Eichmann.

[313] Id., *Origens do totalitarismo*, pp. 329-330.

[314] Ibid., p. 331.

implica o reconhecimento de todos os seres humanos e de todas as nações como sujeitos, como construtores de mundos ou coautores de um mundo comum"³¹⁵. Com efeito,

> o paradoxo da perda dos direitos humanos é que essa perda coincide com o instante em que a pessoa se torna um ser humano em geral – sem uma profissão, sem uma cidadania, sem uma opinião, sem uma ação pela qual se identifique e se especifique – *e* diferente em geral, representando nada além da sua individualidade absoluta e singular, que, privada da expressão e da ação sobre um mundo comum, perde todo o seu significado³¹⁶.

Esse movimento é decisivo para compreendermos a noção de "crime contra a humanidade" de Arendt. Em uma resenha de *Origens do totalitarismo*, publicada após um breve diálogo epistolar com Arendt, Eric Voegelin relatou que ficou estupefato quando leu na obra dela sobre uma mudança ou transformação na natureza humana promovida pelo totalitarismo, uma vez que, como conceito filosófico, a natureza de algo é aquilo que a define em sua singularidade irredutível a qualquer outra, de modo que não pode ser mudada ou transformada. Afinado com a tradição Ocidental, Voegelin sustentou que "adulterar a 'natureza' de uma coisa significa destruir essa coisa"³¹⁷. Arendt concordaria, em certo sentido, com essa última afirmação, uma vez que ponderou que "até agora, a crença totalitária de que tudo é possível parece ter provado apenas que tudo pode ser destruído"³¹⁸, mas, para ela, era ainda parte dos enganos de um mundo que ainda vivia em segurança a suposição de uma natureza humana imutável que evidenciaria como desumana e irrealista a ideia de domínio total³¹⁹. Quando ela afirmou que "o mundo não viu nada de sagrado na abstrata nudez

---

³¹⁵ Ibid., p. 509, grifos meus.
³¹⁶ Ibid., p. 336, grifos no original.
³¹⁷ VOEGELIN, "The origins of totalitarianism", p. 21.
³¹⁸ ARENDT, *Origens do totalitarismo*, p. 510.
³¹⁹ Ibid., p. 507.

3. A "HUMANIDADE" NO CRIME CONTRA A HUMANIDADE

de ser unicamente humano"[320], indicava precisamente que não há uma natureza a nos defender da tentativa de transformar e eventualmente destruir nossa "natureza". Na realidade, "historicamente, o que conhecemos da natureza do ser humano é apenas o que tem existência, e nenhum campo de essências eternas jamais nos servirá de consolo se o ser humano vier a perder suas competências essenciais"[321], como a liberdade como realidade política humana.

Tratando da destruição da singularidade humana nos campos de extermínio, Arendt observou que

> a experiência dos campos de concentração demonstra realmente que os seres humanos podem transformar-se em espécimes do animal humano, e que *a "natureza" do ser humano só é "humana" na medida em que dá ao ser humano a possibilidade de tornar-se algo eminentemente não-natural, isto é, um ser humano*[322].

O fato de ela ter colocado entre aspas as palavras "natureza" e "humana" nesta formulação aparentemente paradoxal não seria obstáculo para que, logo a seguir, ela mencionasse a "transformação da própria natureza humana" nos campos de extermínio.

> O que as ideologias totalitárias visam, portanto, não é a transformação do mundo exterior ou a transmutação revolucionária da sociedade, mas a transformação da própria natureza humana. Os campos de concentração são os laboratórios onde mudanças na natureza humana são testadas, e, portanto, sua infâmia não diz respeito apenas a seus detentos e àqueles que os administram segundo critérios estritamente "científicos"; concerne a todos os seres humanos. A questão não é o sofrimento, do qual sempre houve demasiado na Terra, nem o número de vítimas. O que está em jogo é a própria natureza humana[323].

---

[320] Ibid., p. 333.
[321] Id., "Uma réplica a Eric Voegelin", p. 424.
[322] Id., *Origens do totalitarismo*, p. 506, grifos meus.
[323] Ibid., 510.

Isso que inquietava Voegelin era um indício privilegiado para o que Arendt compreenderia como humanidade e "natureza humana"[324]. Parece-me que, para Arendt, o que caracterizava o crime contra a humanidade era precisamente a destruição da "natureza humana", que consistiria em impedir o ser humano de tornar-se "algo eminentemente não-natural, isto é, um ser humano", como indicamos acima. Isso é alcançado nos campos de extermínio, seguramente, mas esta não é certamente a única tecnologia política de fabricação da superfluidade. A superfluidade é produzida pelo despojamento dos elementos constitutivos de uma vida humana em meio a outros seres humanos, como os direitos reciprocamente assegurados, os costumes e princípios compartilhados e o espaço de aparência que permite a afirmação e a manifestação da singularidade única de cada indivíduo por meio do discurso e da ação[325]. A superfluidade é a condição dos desarraigados e expulsos da humanidade como comunidade dos povos. E, era o que pensava Arendt, essa comunidade dos povos que é a humanidade tem de desenvolver expedientes que impeçam ou remedeiem a sistemática reprodução do desarraigamento de indivíduos e grupos no conflito entre os povos e dos governos com seus cidadãos.

3.2. Que humanidade?

Pouco antes de pronunciar sua sentença alternativa de condenação a Eichmann, ao final de *Eichmann em Jerusalém* – na qual me deterei no próximo capítulo – Arendt colocou ironicamente em questão "a ideia corrente em todos os modernos sistemas legais de que tem de haver intenção de causar dano para haver crime. A jurisprudência civilizada não conhece razão de orgulho maior que essa consideração pelo

---

[324] Cf. Id., *A condição humana*, p. 13.
[325] Cf. Ibid., p. 220ss. Cf. LAFER, *A reconstrução dos direitos humanos: um diálogo com o pensamento de Hannah Arendt*, p. 182.

3. A "HUMANIDADE" NO CRIME CONTRA A HUMANIDADE

fato subjetivo"[326] (*mens rea*). Ela sustentou então, citando Yosal Rogat, que Eichmann foi levado à justiça, antes de tudo, porque "um grande crime ofende a natureza, de forma que a própria Terra clama por vingança[327]; que o mal viola uma harmonia natural que só a punição pode restaurar; que *uma coletividade lesada tem o dever para com a ordem moral de punir o criminoso*"[328]. Temos aqui três níveis importantes de concepções de justiça não centradas na subjetividade, mas antes em Deus, no Cosmos, e na Humanidade: o clamor da terra pela punição de Deus em *Gênesis*; o direito natural ou a noção arcaica da justiça como harmonia da natureza ou do cosmos; e a concepção demasiado humana de uma punição como afirmação da lei da comunidade e de restauração de sua precedência violada.

Para Arendt, embora consideremos bárbaras e recusemos tais considerações, seria inegável que Eichmann foi levado a julgamento e teve sua condenação à morte justificada sob tais proposições, há muito esquecidas. Para Judith Butler, isto poderia significar que a própria Arendt considerava bárbaro que uma coletividade reclamasse reparação por ter sua ordem violada[329], mas isto não é claro. No pós-escrito acrescentado à segunda edição de *Eichmann em Jerusalém,* ela reiterou:

> em vista da atual confusão dos círculos legais sobre o sentido e a utilidade da punição, fiquei contente ao ver que a sentença citava Grotius, que explica, citando por seu lado um autor mais antigo, que a punição é necessária "para defender a honra ou a autoridade daquele que foi afetado pelo crime, de forma a impedir que a falta de punição possa causar sua desonra"[330].

---

[326] ARENDT, *Eichmann em Jerusalém*, p. 300.

[327] Aqui, como nota Luban ("Hannah Arendt as a theorist of international criminal law", p. 640, n. 101), Rogat alude a *Gênesis* 4:10, quando Iahweh se dirige a Caim logo após ele ter assassinado Abel.

[328] ROGAT, *The Eichmann trial and the rule of law*, p. 22, grifos meus. Cf. Arendt, *Eichmann em Jerusalém*, p. 300.

[329] BUTLER, "Hannah Arendt's death sentences", p. 287.

[330] ARENDT, *Eichmann em Jerusalém*, p. 310.

Em sua já mencionada resenha de *Eichmann em Jerusalém*, Ronald Berman defendeu, a partir dessas observações de Arendt, que ela era uma grande tradicionalista em suas análises jurídicas, a partir das quais era possível sustentar que eram essas proposições que fundamentariam qualquer outra lei – ela reafirmaria, assim, sua suposta posição em *A condição humana*, de que "o que é criado na ordem natural tem um *status* sagrado"[331]. Nada parece mais distante das pretensões de Arendt em sua obra, mas não é de todo estranho que esse movimento final de *Eichmann em Jerusalém* enseje interpretações como esta.

No contexto em que mencionou em seu ensaio estas remotas figuras do direito citadas por Arendt, Yosal Rogat teve em consideração o que julgava ser um dos elementos determinantes da insistência de Ben Gurion em julgar Eichmann em um tribunal israelense e das atitudes em torno do julgamento: "uma forma arcaica de olhar o mundo" em que "portentosas relíquias tribais" subjaziam a toda a moderna arquitetura da sala do tribunal:

> somente escavando até esse estrato de sensações e sentimentos de peso sendo incubados sob a atmosfera urbana, ocidental, progressista e científica do moderno Israel podemos apreciar o pleno significado histórico do julgamento[332].

Já em *Origens do totalitarismo*, Arendt associou duas ideologias à dissolução do que ela chamou de "ideal de humanidade": de um lado, o racismo, de outro, o nacionalismo tribal. O racismo imperialista demoliu a ideia da origem comum da espécie humana e dividiu a humanidade entre raças inferiores e superiores, escravas e dominantes, resultando na "exclusão em princípio da ideia de humanidade como o único conceito regulador da lei internacional"[333], com a consequente dissolução do "princípio de igualdade e solidariedade de todos os

---

[331] BERMAN, "*Hostis humani generis*", p. 546.
[332] ROGAT, *The Eichmann trial and the rule of law*, p. 20.
[333] ARENDT, *Origens do totalitarismo*, p. 187.

3. A "HUMANIDADE" NO CRIME CONTRA A HUMANIDADE

povos, garantido pela ideia de humanidade"³³⁴. A família das nações, em seu precário equilíbrio garantido pela competição, esfacelou-se em uma hierarquia das raças.

> O racismo pode destruir não só o mundo Ocidental, mas toda a civilização humana. Quando os russos se tornaram eslavos, quando os franceses assumiram o papel de comandantes da mão-de-obra negra, quando os ingleses viraram "homens brancos" do mesmo modo como, durante certo período, todos os alemães viraram arianos, então essas mudanças significaram o fim do homem Ocidental. *Pois, não importa o que digam os cientistas, a raça é, do ponto de vista político, não o começo da humanidade, mas o seu fim, não a origem dos povos, mas o seu declínio, não o nascimento natural do ser humano, mas a sua morte antinatural*³³⁵.

De outra parte, o nacionalismo tribal, que teria se manifestado, ao contrário do racismo colonial da Europa Ocidental, em nacionalidades da Europa Central e Oriental, "afirma que o povo é único, individual, incompatível com todos os outros, e nega teoricamente a própria possibilidade de uma humanidade comum, muito antes de ser usado para destruir a humanidade do ser humano"³³⁶ – uma concepção que reconhecia os judeus como modelo e ao mesmo tempo alimentava o antissemitismo³³⁷.

---

³³⁴ Ibid., p. 191.
³³⁵ Ibid., p. 187, grifos meus.
³³⁶ Ibid., p. 258. "O tribalismo dos movimentos de unificação, com seu conceito da 'origem divina' de um povo, deve parte da atração que exerceu ao desprezo com que via o individualismo liberal, o ideal de humanidade e a dignidade do homem" (Ibid. p. 266).
³³⁷ "O que tornou o antissemitismo dos movimentos de unificação étnica tão eficaz, a ponto de ter sobrevivido ao declínio da propaganda antissemita durante a enganadora calma que precedeu a deflagração da Primeira Guerra Mundial, foi a sua fusão com o nacionalismo tribal da Europa oriental. Pois havia uma afinidade inerente entre as teorias daqueles movimentos a respeito dos povos e a existência sem raízes do povo judeu. Os judeus pareciam ser o único exemplo perfeito de um povo no sentido tribal; sua organização tornou-se modelo que os movimentos de unificação procuravam copiar; sua sobrevivência e suposta força

Há um conflito latente e persistente entre a concepção de uma identidade individual que só floresce a partir da comunidade e de sua tradição, e a de uma identidade pessoal forjada pelo próprio indivíduo: "pelo próprio ato de realizar o julgamento, no entanto, Israel empreende uma defesa agressiva do último e mais crucial bastião protegido pela modernidade – o eu (*self*)"[338]. Rogat sustentou, como observou Judith Butler, que Israel defendia de maneira enfática "a ideia de que a adesão a um grupo estabelece o significado e as reivindicações do eu (*self*)"[339]. Para ele, isto era o que subjazia às pretensões de Israel de falar em nome dos judeus e de assinalar que somente sob este Estado os judeus estariam protegidos enquanto judeus, de modo que "o julgamento representa uma tentativa ousada de exercer autoridade comunal utilizando todos os símbolos e recursos primitivos de uma comunidade tribal"[340]. É nesse contexto que Rogat situou o trecho dele sobre a comunidade reclamar reparação, citado por Arendt ao final de *Eichmann em Jerusalém* – de modo algum como algo a ser reconquistado, como ela pareceu sugerir. E são essas considerações que o permitiram afirmar que "talvez a maior ironia do julgamento seja que seus dois antagonistas, Israel e os nazistas, tenham ambos afirmado a concepção antiga de pertencimento e de identidade"[341] – ponderando, claro, o quanto esta comparação se restringe a este aspecto específico e de modo algum aproxima Israel do caráter brutal e destrutivo do nazismo. Rogat concluiu, a contrapelo de Arendt, de modo ainda mais enfático: "*a 'solução final' resultou de uma versão, embora extraordinariamente mórbida, desta concepção antiga*"[342].

Retornando à citação de Yosal Rogat em *Eichmann em Jerusalém*, a forma talvez originária da compreensão no Ocidente do crime como

---

pareciam a melhor prova da correção das teorias raciais" (ARENDT, *Origens do totalitarismo*, p. 271).

[338] ROGAT, *The Eichmann trial and the rule of law*, p. 21.
[339] BUTLER, "Hannah Arendt death's sentences", p. 283.
[340] ROGAT, *The Eichmann trial and the rule of law*, p. 19.
[341] Ibid., p. 21, grifos meus.
[342] Ibid., p. 22.

3. A "HUMANIDADE" NO CRIME CONTRA A HUMANIDADE

uma violação da comunidade, de modo simbolicamente relevante, pode ser buscada na poesia e na compreensão política de Sólon, reconhecido já entre os gregos antigos como sábio fundador da democracia. Em sua noção de justiça, está em questão a parcela de responsabilidade humana em relação aos deuses e ao cosmos pela desarmonia ou injustiça. A reconstrução talvez mais eloquente das reflexões de Sólon sobre a justiça pode ser encontrada no primeiro volume da *Paidéia*, de Werner Jaeger, publicado desconfortavelmente em 1934. Ele indicou que é precisamente em Sólon que foi estabelecido pela primeira vez – por puro saber político, mas com pano de fundo acentuadamente religioso – um nexo causal entre a violação do direito e a perturbação da vida social[343]. Já em seu ensaio anterior sobre a "Eunomia" em Sólon, de 1926, Jaeger esforçou-se por identificar a singularidade das noções da justiça e do jurídico em Sólon. Trata-se da concepção da ideia universal de uma ordem imanente à vida social que sempre cobra reparação quando é violada e assim mantém em equilíbrio a balança da justiça – uma ordem "divina no sentido de que ela é destilada da necessidade imanente das leis da vida política, leis que não podem ser transgredidas impunemente"[344]. A responsabilidade humana não consiste, portanto, em forjar ou desmantelar a ordem do mundo, mas antes em desequilibrá-la pelas ações injustas dos cidadãos, pelas quais eles têm de responder para não expor a comunidade política a males como a tirania, a guerra civil ou a escravidão por dívida, pois, como Jaeger destacaria na *Paidéia*, comentando Sólon em uma vigorosa imagem,

> num Estado assim nascem disputas partidárias e guerras civis, os homens reúnem-se em associações que só conhecem a violência e a injustiça, grandes bandos de miseráveis veem-se na necessidade de abandonar a pátria e peregrinar em servidão. E, ainda que haja alguém que queira

---

[343] JAEGER, *Paidéia*, p. 179.
[344] Id., *Five essays*, pp. 95-96.

fugir a tal desgraça e se encerrar no recanto mais íntimo de sua casa, a infelicidade geral "transpõe-lhe os altos muros"[345].

Sólon sustentava – como Hesíodo, mas sem seu "realismo religioso" em relação à deusa Justiça (*Diké*) – que toda *hybris* humana, toda desmedida, recebe cedo ou tarde o castigo como compensação e expediente de reequilíbrio da ordem jurídica natural do mundo. Werner Jaeger encontrou em Sólon a personificação e a primeira elaboração de uma *paidéia* como princípio formador unificador: de um lado, "a perfeita interpenetração de toda a produção espiritual grega com a ideia do Estado", a "viva consciência da dependência e vinculação de toda a criação espiritual do indivíduo à comunidade"; de outro, contrabalançando esta imagem, a pólis jônica estruturada sobre a ideia do direito como "princípio organizador de uma nova estrutura social" e, como consequência, forjador de uma "liberdade cívica que deu ao indivíduo o espaço necessário à sua plena realização pessoal". Para Jaeger, a cultura ática simbolizada em Sólon "foi a primeira a equilibrar as duas forças: o impulso criador do indivíduo e a energia unificadora da comunidade estatal"[346].

A defesa da atualidade dessa síntese, enquanto *paidéia*, como a fonte do vigor da cultura e da política gregas, não poderia ter vindo em pior hora. Em sua resenha do primeiro volume da *Paidéia*, Bruno Snell objetou que não seria legítimo falar de *paidéia* antes dos sofistas, que a concepção da política grega por Jaeger facilmente chegava ao heroísmo e ao autoritarismo platônico, que sua preferência pela acomodação em lugar da reforma levava a uma "prontidão a servir qualquer senhor" e que, por fim, "a vagueza do humanismo de Jaeger permite a ele se tornar servidor de qualquer tipo de política"[347]. Possivelmente, Snell não sabia quando escreveu sua resenha, mas Jaeger, ainda em 1933, escreveu um breve texto intitulado "A Antiguidade e a educação

---

[345] Id., *Paidéia*, p. 179. Cf. Id., *Five essays*, p. 92.
[346] Id., *Paidéia*, p. 174.
[347] CALDER III, "Werner Jaeger", pp. 219-220.

3. A "HUMANIDADE" NO CRIME CONTRA A HUMANIDADE

do homem político", no qual defendia que "o currículo clássico nas escolas poderia ser apresentado de modo simpático ao novo sistema [o nazismo]" e que a força formativa da Antiguidade era ainda mais necessária em um momento em que "um novo tipo de homem político está ganhando forma"[348]. Ele destacou como exemplo disso o ideal do cidadão espartano de Tirteu, a "força profética" da poesia de Sólon, a apresentação do trabalho como heroísmo por Hesíodo, o heroísmo na defesa da pátria destacado por Homero. Jaeger assinalou, em franca disposição para se afinar ao novo regime, que o terceiro humanismo que ele defendia (precedido pelos antigos e pela época de Goethe) convergiria com a visão de mundo (*Weltanschauung*) do nacional-socialismo[349].

Foi exatamente um texto sobre Tirteu e a verdadeira excelência (*areté*) que Jaeger enviou a Heidegger no final de 1932, ensaio com o qual Jaeger, segundo Heidegger, teria acessado o "filosofar subterrâneo da Antiguidade"[350]. Um amigo de Jaeger indicou que, em uma carta que recebeu dele cerca de dois meses antes da enviada a Heidegger, Jaeger revelou ter clareza de que uma expansão vigorosa do novo humanismo defendido por ele dependia de uma reflexão filosófica sobre o problema da própria existência do homem[351]. Frank Edler

---

[348] Ibid., p. 220. Jaeger realizou várias supressões de trechos simpáticos ao nazismo na segunda edição, de 1936, do primeiro volume da *Paidéia*. Um deles, ao final do livro, era o seguinte: "terá de ser o objetivo dos líderes do Estado moderno encontrar um novo caminho entre a liderança democraticamente sustentada de Péricles e a autocracia apoiada militarmente de Dionísio". Paul Friedländer, um antigo aluno judeu de Jaeger que depois foi professor em Halle e enfim se exilou na Califórnia, destacou em seu exemplar várias passagens com conotações racistas. Ao lado do trecho mencionado acima ele comentou: "Diga isso, Hitler! *Ecco!*" (ELSNER, "Paideia: ancient concept and modern reception", p. 141).

[349] FLEMING, "Heidegger, Jaeger, Plato: the politics of humanism", p. 102.

[350] Carta de Heidegger a Jaeger de 12 de dezembro de 1932, transcrita em EDLER, "Heidegger and Werner Jaeger on the eve of 1933: a possible rapprochement?", p. 125.

[351] Citado em EDLER, "Heidegger and Werner Jaeger on the eve of 1933: a possible rapprochement?", p. 144.

julgou que "a sombra de Tirteu certamente aparece no discurso do reitorado quando pensamos em suas conotações marciais, sua ênfase na batalha e sua urgência diante do colapso do mundo"[352], e destacou que Jaeger pretendia publicar o discurso do reitorado de Heidegger em seu jornal *Die Antike*.

Jaeger permaneceu convencido de que sua interpretação da *paidéia* era parte da busca por um novo humanismo, relevante para toda a formação humana, ao reativar a concepção humanista de uma formação integral (*Bildung*). Os nazistas, em todo caso, não viram muita utilidade no humanismo de Jaeger, considerado demasiado intelectual, pouco vigoroso e insuficientemente racial[353]. Em 1936, Jaeger deixou a Alemanha por sua segunda esposa ser judia. A segunda edição do primeiro volume da *Paidéia*, deste mesmo ano, foi publicada com várias supressões feitas por Jaeger, embora conservasse ainda várias passagens controversas. Ao contrário de outros exilados, Jaeger não enfrentou dificuldade para publicar na Alemanha nazista, em 1944, o segundo dos três volumes de sua obra magna.

> A era nacional-socialista e seus crimes comprometeram a promessa de moldagem cultural na tradição educacional alemã, de modo que claramente a *areté* como valor moral fracassou completamente precisamente na *Bildung* que o próprio Jaeger havia recebido e transmitido nos anos pré-nazistas em Berlim. *A reductio ad absurdum da* Bildung *alemã eram os campos de extermínio*; mas esses – e seu horror total dificilmente poderia ser imaginado em Harvard em 1943 – haviam sido pressagiados por uma série clara de crimes e perseguições. Em sua obra do final dos anos 1930 e início dos anos 1940, a Paidéia de Jaeger se metamorfoseou em uma nostalgia do perdido, uma apologia ao passado helênico cuja excelência havia falhado no próprio projeto da educação e, sobretudo, tornou-se uma defesa de seu amado Platão[354].

---

[352] Ibid., p. 142.

[353] FLEMING, "Heidegger, Jaeger, Plato: the politics of humanism", p. 86.

[354] ELSNER, "Paideia: ancient concept and modern reception", p. 141, grifos meus.

3. A "HUMANIDADE" NO CRIME CONTRA A HUMANIDADE

Arendt, não obstante, mesmo que eventualmente tenha se equivocado na compreensão do trecho que citou do ensaio de Rogat, não pretendia ter nem tem qualquer coisa a ver com estas noções esquecidas que o novo humanismo intencionava reativar ou trazer à superfície – nem mesmo com a interpretação muito especial de Jaeger da posição de Sólon sobre a justiça. Em três ocasiões importantes de sua obra, em que se deteve sobre o tema do humanismo, Arendt posicionou-se com muita clareza. Ela concluiu o ensaio "A crise na cultura: seu significado social e político", coligido em *Entre o passado e o futuro*, com uma exposição clara do que compreendia por humanismo. Ela mencionou que Cícero teria reagido ao dito romano "sou amigo de Sócrates, sou amigo de Platão, mas a verdade deve ser mais estimada" com a afirmação: "perante os céus, prefiro extraviar-me com Platão do que ter concepções verdadeiras com seus oponentes"[355]. Cícero indicaria assim que a *humanitas* diz respeito a indivíduos que rejeitam qualquer coerção, inclusive a da verdade, e corresponde ao que os romanos compreendiam ser uma pessoa culta: "alguém que soubesse como escolher sua companhia entre homens, entre coisas e entre pensamentos, tanto no presente como no passado"[356]. "Esse humanismo é o resultado da *cultura animi*, de uma atitude que sabe como preservar, admirar e cuidar das coisas do mundo"[357], e não é trivial que apareça aqui em referência a Platão, pois em seu texto em dura homenagem aos 80 anos de Heidegger, de 1969, ela observou o seguinte: "nós, que queremos homenagear os pensadores, ainda que nossa morada se encontre no meio do mundo, não podemos sequer nos impedir de achar chocante, e talvez escandaloso, que tanto Platão como Heidegger, quando se engajaram nos afazeres humanos, tenham recorrido aos tiranos e ditadores"[358].

---

[355] Citado em ARENDT, *Entre o passado e o futuro*, p. 279.
[356] Citado em Ibid., p. 281.
[357] Citado em Ibid., p. 280.
[358] Id., *Homens em tempos sombrios*, p. 230.

É significativo que para a história do termo *humanitas* Arendt tenha remetido em nota a Rudolf Pfeiffer, filólogo antinazista e crítico de Jaeger que teve de renunciar a seu posto em Munique em 1937, também por sua esposa ser judia. Ela citou ainda, na mesma nota, Richard Harder, um dos mais diletos discípulos de Jaeger, escolhido por ele para editar a revista *Gnomon*, na qual Harder concebeu uma resenha entusiasmada do discurso de reitorado de Heidegger. Em sua resenha, ele afirmou que sempre houve momentos em que o pensamento grego, "o que significa concretamente: platonismo", moveu e fortaleceu o Ocidente ao lembrar que "o verdadeiro conhecimento provém do ser e da virtude, da comunidade e do povo"[359]. Nessa sua nota, Arendt observou que a palavra *humanitas* foi utilizada para traduzir a palavra grega *philantropía*, mas com conotações completamente diferentes, reiterando assim sua afirmação no corpo do ensaio – contra Jaeger – de que o humanismo é de origem romana e que "não há em língua grega nenhuma palavra correspondente ao latim *humanitas*"[360].

Em sua segunda consideração do termo *humanitas*, no ensaio "Sobre a humanidade em tempos sombrios: reflexões sobre Lessing", ela o aproximou, não obstante, do termo *philantropía*, cujo sentido grego originário teria sofrido várias alterações até poder ser traduzido por *humanitas*. Arendt associou *philantropía/humanitas* à "qualidade humana que se realiza no discurso da amizade", ao amor aos seres humanos correspondente "ao fato político de que, em Roma, pessoas com origens e descendência étnicas muito diferentes podiam adquirir a cidadania romana e, assim, chegar ao discurso entre romanos cultos, podendo discutir com eles o mundo e a vida"[361].

Por fim, em "Karl Jaspers: uma *laudatio*", reunido, como o ensaio sobre Lessing, em *Men in dark times* (Seres humanos em tempos sombrios), ela associou a *humanitas* o sentido do termo *Humanität* em

---

[359] Citado em EDLER, "Heidegger and Werner Jaeger on the eve of 1933: a possible rapprochement?", pp. 142-143.

[360] ARENDT, *Entre o passado e o futuro*, p. 279.

[361] Id., *Homens em tempos sombrios*, p. 31.

3. A "HUMANIDADE" NO CRIME CONTRA A HUMANIDADE

Kant e Jaspers, motivo de um eloquente elogio a Jaspers e sua obra. O pensamento de Jaspers era aberto a um mundo ao qual "todos podem vir a partir de suas origens pessoais" e se reconhecerem mutuamente no brilho de cada um, em um espaço onde a *humanitas* pode aparecer "pura e luminosa". Jaspers representou "o que restara da *humanitas* na Alemanha" e nos ajuda a superar a desconfiança em relação ao âmbito público, pois sustentou que é precisamente aí onde se adquire a *humanitas*: "tudo o que se ergue para a luz e não se dissolve em vapor sob seu brilho participa da *humanitas*"[362]. A *humanitas* tem, para Arendt, um caráter marcadamente pessoal e plural mediante a qual indivíduos que a cultivam como que salvam o mundo em tempos de emergência – especialmente quando, no limite, a pluralidade da humanidade é colocada em risco. E "a pluralidade é a condição da ação humana porque somos todos iguais, isto é, humanos, de um modo tal que ninguém jamais é igual a qualquer outro que viveu, vive ou viverá"[363] – "é a paradoxal pluralidade de seres únicos"[364]. Já em um curso de 1954, Arendt destacou a centralidade da pluralidade em sua concepção de humanidade, a ponto de equacioná-las. Mesmo quando estou em diálogo comigo mesmo,

> não estou inteiramente separado daquela pluralidade que é o mundo dos seres humanos e que designamos, no sentido mais amplo, por pluralidade. Essa humanidade, ou melhor, essa pluralidade, já se evidencia no fato de que sou dois-em-um[365].

É também por isso que, de sua *humanitas*, como amor ao mundo e aos seres humanos plurais que nele habitam, Arendt afastou Platão com Cícero e Heidegger com Jaspers.

Ao discutir as reflexões de Arendt sobre o direito internacional, a partir de temas como a apatridia, o antissemitismo, o Estado-nação

---

[362] Ibid., pp. 72, 73, 71 e 70, respectivamente.
[363] Id., *A condição humana*, p. 10.
[364] Ibid., p. 218.
[365] Id., "Filosofia e política", p. 103.

e o direito a ter direitos, Seyla Benhabib afirmou que o conceito de pluralidade é a categoria fundamental na obra de Arendt, sendo decisiva para compreender as reflexões dela. Para Benhabib, nenhum trecho da obra de Arendt expressa melhor o conceito de pluralidade que um excerto de "Introdução à política", um livro inacabado de Arendt que permaneceu inédito e foi coligido postumamente em *A promessa da política*:

> se é verdade que uma coisa *é* real nos mundos sensível e histórico-político se pode revelar-se e ser percebida de todos os lados, então sempre deve haver uma pluralidade de indivíduos e povos e uma pluralidade de posições para tornar possível a realidade e assegurar sua continuidade. Em outras palavras, o mundo só vem a existir se existe perspectiva... Se um povo ou uma nação, ou mesmo um grupo humano específico, que apresenta uma visão singular do mundo surgida da posição particular que nele ocupa (...), é aniquilado, não se trata meramente do perecimento de um povo, de uma nação ou mesmo de um dado número de indivíduos, mas da destruição de uma parte do nosso mundo comum, de um aspecto do mundo que se nos revelou até agora e nunca mais voltará a se revelar. Consequentemente, a aniquilação não apenas representa o fim de um mundo, mas também leva com ela aquele que aniquila[366].

Para Arendt, tanto o nacionalismo tribal quanto o racismo rechaçavam o ideal de humanidade, "como ideal religioso ou humanístico", por ele implicar a ideia de responsabilidade comum. Com efeito, a ideia de humanidade tem a forte implicação de tornar a humanidade em conjunto responsável pelos crimes cometidos pelos seres humanos e acaba por "forçar todas as nações a responderem pelo mal cometido pelas outras. O tribalismo e o racismo são maneiras muito realistas – se bem que muito destrutivas – de fugir a essa situação de

---

[366] ARENDT, *A promessa da política*, p. 237. Cf. BENHABIB, "International law and human plurality in the shadow of totalitarianism: Hannah Arendt and Raphael Lemkin", p. 238.

3. A "HUMANIDADE" NO CRIME CONTRA A HUMANIDADE

responsabilidade comum"³⁶⁷. Ocorre que se ainda no século XVIII a humanidade "não passava de uma ideia reguladora, tornou-se hoje de fato inelutável"³⁶⁸.

> Esta nova situação, na qual a "humanidade" assumiu de fato um papel antes atribuído à natureza ou à história, significaria nesse contexto que o direito a ter direitos, ou o direito de cada indivíduo de pertencer à humanidade, deveria ser garantido pela própria humanidade. Nada nos assegura que isso seja possível. Pois, contrariamente às tentativas humanitárias das organizações internacionais, por mais bem intencionadas que sejam ao formular novas declarações dos direitos humanos, é preciso compreender que essa ideia transcende a atual esfera da lei internacional, que ainda funciona em termos de acordos e tratados recíprocos entre Estados soberanos; e, por enquanto, não existe uma esfera superior às nações³⁶⁹.

Essa responsabilidade política comum não equivale, claro, a uma culpa compartilhada ou coletiva por atos que não praticamos – o que acabaria por inocentar quem de fato fez algo, como Arendt não se cansou de destacar. Trata-se antes de sustentar que à humanidade como um "fato inelutável" deveria corresponder progressivamente a ideia de uma humanidade comum em uma comunidade dos povos da humanidade. Certamente não um "governo mundial"³⁷⁰, que "seria a

---

³⁶⁷ Id., *Origens do totalitarismo*, p. 267.
³⁶⁸ Ibid., p. 332.
³⁶⁹ Ibid. Cf. LAFER, "Reflexões sobre a atualidade da análise de Hannah Arendt sobre o processo Eichmann", p. 22.
³⁷⁰ "A atualmente popular noção liberal de um Governo Mundial baseia-se, como todas as noções liberais de poder político, no mesmo conceito de indivíduos que se submetem a uma autoridade central que 'os intimida a todos', exceto que, no caso, as nações tomam o lugar dos indivíduos. O Governo Mundial deve sobrepujar e eliminar a política autêntica, isto é, povos diferentes que convivem uns com os outros com toda a força de seu poder" (Id., *Origens do totalitarismo*, p. 172).

pior tirania imaginável"³⁷¹, mas possivelmente a progressiva constituição de uma comunidade dos povos, em que a noção de soberania não fosse o princípio articulador das promessas recíprocas de sua fundação. Para Arendt, a ideia de humanidade, cuja primeira concepção pode ser remetida a antepassados judeus,

> não exclui nenhum povo e não atribui o monopólio da culpa a nenhum deles, [e] é a única garantia de que uma após outra "raça superior" não se sinta obrigada a seguir a "lei natural" do direito dos poderosos, e a exterminar as "raças inferiores indignas de sobreviver", de modo que, ao final de uma "era imperialista", estaríamos num estágio em que os nazistas iriam parecer os toscos precursores de futuros métodos políticos. Seguir uma política não imperialista e manter um credo não racista se torna a cada dia mais difícil, porque a cada dia fica mais claro o peso da humanidade para o ser humano³⁷².

Uma das vias privilegiadas para a realização dessa ideia de humanidade é justamente o desenvolvimento de uma justiça internacional criminal, pois, como afirmou David Luban, "assumimos a responsabilidade pelos crimes dos outros responsabilizando-os, e assim a maneira prática de constituirmos a humanidade incluirá visivelmente a construção de novas instituições para responsabilizar os transgressores". Assim, ao compreender o crime contra a humanidade "como uma ofensa de importância mais do que local, pela qual assumimos a responsabilidade de condenação e repressão, constituímos a humanidade"³⁷³.

Arendt não foi explícita, nem mesmo em seu debate com Jaspers, sobre a natureza desta comunidade que é a humanidade. Parece claro que se trata de uma comunidade de comunidades e que estas são constituídas de povos que não precisam coincidir com Estados, embora

---

³⁷¹ ARENDT, *Lições sobre a filosofia política de Kant*, p. 58. Cf. Id., *Origens do totalitarismo*, p. 332 e 439.
³⁷² Id. "Culpa organizada e responsabilidade universal", p. 160.
³⁷³ LUBAN, "Arendt on the crime of crimes", p. 320.

3. A "HUMANIDADE" NO CRIME CONTRA A HUMANIDADE

possam fazer parte deles. Nisso, Arendt se aproximava da imagem de uma "existência cosmopolita" como concebida por Kant, cujo horizonte é o contexto em que nos tornaríamos "membros de uma comunidade mundial pelo simples fato de sermos humanos"[374] – ao mesmo tempo cidadãos e espectadores do mundo. Como observou Seyla Benhabib, com o direito cosmopolita Kant reconhece três níveis do direito e não apenas o direito nacional em conformidade com uma constituição republicana e o direito internacional que resulta dos acordos entre Estados soberanos. O terceiro nível acrescentado por Kant diz respeito precisamente "às relações entre pessoas civis entre si, bem como com entidades políticas organizadas em uma sociedade civil global"[375]. Arendt seguiria Kant ao sustentar que o crime contra a humanidade viola os direitos de humanidade em cada pessoa como criadora de mundo, forjadora possível de uma república comum da comunidade política potencial da humanidade.

Não é trivial que em Kant o direito cosmopolita esteja assentado no direito à hospitalidade, um direito civil/político no qual cada pessoa, mesmo eventualmente não sendo cidadã de um Estado nacional, como o apátrida, conservaria sua dignidade política como cidadã do mundo. O elogio por excelência que Arendt fez a Jaspers, com sua filosofia da humanidade plural assentada no princípio da comunicação universal, foi se perguntar sobre se ele seria cidadão do mundo. Foi de Jaspers o vislumbre de uma "renúncia à soberania em favor de uma estrutura política confederada a nível mundial"[376], mediante a qual seria possível forjar a comunidade política de uma humanidade que se constituiu antes de tudo por uma tecnologia que nos une na solidariedade negativa em torno do medo da destruição global. A "solidariedade da humanidade só pode ser significativa num sentido positivo se vier acompanhada pela responsabilidade política"[377],

---

[374] ARENDT, *Lições sobre a filosofia política de Kant*, p. 97.
[375] BENHABIB, *Another cosmompolitanism*, p. 21.
[376] ARENDT, "Karl Jaspers: cidadão do mundo?", p. 77.
[377] Ibid.

para Jaspers. Mas para que o apequenamento do globo terrestre e a vizinhança universal resulte em algo distinto de "um ódio mútuo e uma irritabilidade um tanto universal de todos contra todos, então é preciso que ocorra um processo em escala gigantesca de compreensão mútua e progressivo autoesclarecimento"[378]. Arendt não foi muito otimista quanto à realidade política dessa humanidade, situando-a ainda, como Kant, "num futuro muito distante":

> politicamente, a nova unidade frágil realizada pelo domínio técnico sobre o mundo só pode ser assegurada dentro de um quadro de acordos mútuos universais, que finalmente levarão a uma estrutura confederada em escala mundial. Para isso, a filosofia política pouco mais pode fazer além de descrever e prescrever o novo princípio de ação política[379].

Giorgio Agamben observou que a própria palavra *hostis* conserva uma ambiguidade fundamental, uma vez que, assim como o termo grego *xenos* "designa tanto o estrangeiro e o inimigo quanto o hóspede que é acolhido na casa para o estabelecimento de uma relação duradoura de amizade"[380]. Isto foi destacado inauguralmente por Cícero[381]. Politicamente, a humanidade só é possível em um desdobramento no qual a original transformação do estrangeiro de hóspede em inimigo seja revertida. Os meios para esta reversão permanecem fugidios na política atual e mesmo nas obras de Kant, Jaspers ou Arendt.

---

[378] Ibid.
[379] Ibid., p. 85.
[380] AGAMBEN, "Nota sobre la guerra, el juego y el enemigo", p. 112.
[381] CICERO, *De officiis*, p. 41.

4.
A PENA DE MORTE PARA EICHMANN E A SENTENÇA ALTERNATIVA DE ARENDT

> Devemos aplicar a justiça temperada com imaginação.[382]
>
> Martin Buber

4.1. A controvérsia em torno da punição

Pouco antes de mencionar pela primeira e única vez no corpo do texto de *Eichmann em Jerusalém* a expressão "banalidade do mal", a partir das últimas palavras de Eichmann no cadafalso, Arendt ironizou os que se opuseram à execução dele. Ela observou que quando a sentença foi pronunciada, em 15 de dezembro de 1961, "não havia praticamente ninguém para contestá-la", e que foi apenas quando a execução foi publicizada que pessoas influentes protestaram intensamente em público, mas por pouco tempo[383]. Na verdade, houveram várias manifestações de oposição à condenação à morte vindas do mundo todo direcionadas ao presidente de Israel, Yitzhak Ben-Zvi, e

---

[382] HODES, *Martin Buber – an intimate portrait*, p. 114.
[383] ARENDT, *Eichmann em Jerusalém*, p. 272.

houve inclusive o caso do juiz da suprema corte Haim Cohen, uma das mais respeitadas autoridades legais de Israel e antigo procurador geral, que se recusou a tomar parte no processo da apelação devido a sua oposição por princípio à pena de morte[384]. A importância de sua decisão se devia também ao fato de o alto escalão do governo israelense saber do papel de Cohen na captura de Eichmann, quando promotor geral, ao receber, em 1959, Fritz Bauer e mediar um encontro dele com o chefe do Mossad, Isser Harel, e também ao aconselhar legalmente este último relativamente a questões jurídicas internacionais e nacionais pouco antes do rapto de Eichmann[385]. O argumento religioso-moral de que o mandamento "Não matarás!" também se aplicaria ao Estado de Israel era dos mais frequentes[386]. Muitos advogaram pela conversão da pena de morte em prisão perpétua, sem de modo algum questionar a culpabilidade de Eichmann como colaborador direto e agente fundamental na implementação da Solução Final. Outros, como Kurt Blumenfeld, o líder sionista amigo de longa data de Arendt, julgavam que "a pena de morte, em um caso como o de Eichmann, era uma solução absolutamente satisfatória, a única satisfatória"[387].

Martin Buber, filósofo da Universidade Hebraica de Jerusalém que gozava de amplo reconhecimento público, quando perguntado sobre o que fazer então com Eichmann, chegou a sugerir que ele deveria ser condenado à prisão perpétua, mas, como símbolo do extermínio nazista, não deveria ser mantido em uma cela como um criminoso comum: ele tinha de perceber que o povo judeu não foi exterminado pelos nazistas e vivia em Israel.

> (...) talvez ele devesse trabalhar na terra em um *kibutz*. Cultivando o solo de Israel. Vendo os jovens ao seu redor. E percebendo todos os dias que

---

[384] CESARANI, *Becoming Eichmann*, p. 319.
[385] Ibid., p. 225.
[386] FRIEDMAN, *Martin Buber's life and work – The later years, 1946-1965*, p. 358.
[387] ARENDT; BLUMENFELD, *Correspondance – 1933-1963*, Carta a Arendt de 11/09/1962, p. 337

sobrevivemos aos seus planos para nós. Não seria este o castigo final e mais adequado?[388].

Buber reconhecia que essa possível solução apresentava problemas, principalmente relacionados à segurança do próprio Eichmann contra atos de vingança, mas que o condenar à morte seria uma saída fácil e com menor significado histórico e moral. Ele sustentava que "devemos aplicar a justiça temperada com imaginação"[389] – imaginação cuja falta era, para Arendt, precisamente a marca distintiva do próprio Eichmann[390]. O reconhecido jurista Julius Stone – citado por Arendt em *Eichmann em Jerusalém* quando ela refletia sobre a noção de crime contra a humanidade[391] – escreveu um artigo ainda em 1961 no qual sustentava que crimes como o de Eichmann criam situações limite para nosso pensamento, o que nos forçaria a repensar nossas posições. Ele relatou uma longa conversa que teve com Buber em que este teria considerado fantasiosa uma sugestão de Stone: ele aventou a hipótese de que não deveria ser emitida sentença sobre Eichmann, desde que ele fosse julgado sucessivamente em outros países e permanecesse como um "espelho profético" para a humanidade[392].

Em 29 de maio de 1962, o presidente Itzhak Ben-Zvi convocou uma reunião assim que saiu a decisão da Suprema Corte negando o recurso de Eichmann e lhe foi dirigido o documento com o pedido de clemência. Os registros dessa reunião foram tornados públicos há poucos anos[393]. Na reunião estavam Gideon Hausner, Ben Gurion, Golda Meir e muitos outros. Yosef Burg, um dos presentes, sugeriu que a sentença fosse proclamada, mas indefinidamente postergada, de modo que Eichmann estivesse sob a tortura de vislumbrar a morte dia

---

[388] HODES, *Martin Buber – an intimate portrait*, p. 113.
[389] Ibid., p. 114.
[390] ARENDT, *Eichmann em Jerusalém*, p. 310.
[391] Ibid., p. 280.
[392] FRIEDMAN, *Martin Buber's life and work – The later years, 1946-1965*, p. 357.
[393] WEISS, "Finding 'neo-israelite' justice for Adolf Eichmann", p. 169ss.

após dia. Levi Eskhol disse ter imaginado, assim que Eichmann foi preso, que ele deveria vagar pelo mundo com a marca de Caim na testa (*Gênesis*, 4, 15), de modo que fosse identificado como assassino sem poder ser morto, em uma justiça sem punição ou perdão[394].

Eles levaram a sério as objeções e reservas de Buber, com quem Ben Gurion havia conversado pessoalmente, mas a maioria considerava que a execução deveria ser levada a cabo porque não havia razão para não o fazer. Golda Meir teria dito que toda essa discussão seria coisa de filósofos e que não via sentido em não executar a pena de morte prevista na lei[395]. Buber sustentava que Eichmann não deveria ser executado porque sua morte pareceria aos alemães como uma expiação; que, como não haveria punição proporcional aos crimes de Eichmann, a execução poderia parecer mera vingança; e que nenhuma sociedade humana teria o direito de tirar a vida de alguém. Na conversa com Ben Gurion, ele defende que Eichmann deveria ser entregue a outro país, como a Alemanha, ou condenado à prisão perpétua, acrescentando que, com sua execução, Israel poderia acabar por criar um novo "mito do Anticristo". Tudo isso em conjunto seria desastroso para a imagem de Israel no porvir. Ben Gurion disse, então, que o futuro de Israel dependia do que os israelenses fizessem, e não do que o mundo iria pensar sobre. Concordava que a execução não era punição proporcional aos feitos de Eichmann, mas que qualquer punição menor seria injustificada e um sinal de covardia que afetaria o respeito próprio da juventude de Israel e dos judeus mundo afora ao perceberem que o que era prerrogativa de qualquer outra nação do mundo, aplicar a punição prevista em lei, fora vedada em Israel[396].

Era praticamente consenso que não havia punição proporcional para os feitos de Eichmann ao mesmo tempo que isso não deveria implicar em inocentá-lo, e essa opinião coincidia com a posição de

---

[394] Ibid., p. 186.

[395] WEISS, "Finding 'Neo-Israelite' Justice for Adolf Eichmann", p. 187.

[396] Transcrição da conversa com Buber citada por Ben Gurion em seu diário, em YABLONKA, *The State of Israel vs. Adolf Eichmann*, pp. 150-152.

Arendt[397]. Por fim, prevaleceu o pragmatismo e o propósito de afirmar a soberania de Israel – incomodava especialmente a Ben Gurion que fosse requerido de seu país o que não seria pedido a nenhum outro. Já havia adiantado posição análoga em entrevista que concedeu ao jornal *The New York Times* no final de 1960, na qual também se posicionou sobre a pena de morte:

> em geral, sou contra a pena capital. Como todo judeu, acredito na santidade da vida humana. E estou ciente de que quando a pena de morte é aplicada sempre pode haver um terrível erro judiciário. No entanto, acho que a pena capital é necessária em países onde há um grande número de assassinatos para que os criminosos sejam advertidos e os inocentes defendidos. Além disso, deve haver pena capital por traição em tempo de guerra. Mas, na verdade, não me importa que veredicto seja dado contra Eichmann. Apenas o fato de que ele será julgado em um Estado judeu é importante[398].

O dilema dos dirigentes de Israel se definia pelo conflito entre a aspiração de afirmar seu poder soberano e a pretensão de possuir a "suprema força moral" que justificaria seu direito de julgar Eichmann e inclusive raptá-lo. Em outros termos, o dilema era "se Israel será um Estado dos judeus, uma nação universalista entre as nações, ou um Estado judeu, a ideia de ser uma luz para as nações, investido de habilidades e responsabilidades especiais"[399].

Arendt, sem precisar a quem se referia, ironizou os que, em um nível de crítica "consideravelmente mais baixo", teriam julgado "pouco imaginativa" a sentença de morte e pensaram em alternativas como colocar Eichmann a realizar pelo resto da sua vida trabalhos forçados no Deserto de Negev, "'ajudando com seu suor a conquistar a pátria

---

[397] ARENDT, *Eichmann em Jerusalém*, p. 272.
[398] BEN GURION, "The Eichmann Case as seen by Ben Gurion" (18/12//1960), p. 62.
[399] WEISS, "Finding 'Neo-Israelite' Justice for Adolf Eichmann", p. 188.

dos judeus', castigo a que ele provavelmente não sobreviveria"[400]. Não é inteiramente seguro afirmar se Arendt soube da posição de Buber e, portanto, se essa seria uma paródia hiperbólica da proposta imaginada por ele, mas já no próximo parágrafo ela teceu pesadas críticas às reservas de Buber quanto à pena de morte e concluiu que "era decepcionante vê-lo evadir-se, no nível mais alto possível, do problema que Eichmann e seus feitos apresentavam"[401]. Ignorando casos notórios como o do juiz Haim Cohen, Arendt sustentou, mais uma vez ironicamente, que

> o que menos se ouviu foram os protestos daqueles que eram contra a pena de morte por princípio, incondicionalmente; seus argumentos continuariam válidos, uma vez que não teriam de especificá-los para este caso particular. Eles parecem ter sentido – com razão, creio – que não era um caso promissor para o qual trabalhar[402].

Na opinião de Arendt, Buber era "um homem não só importante, mas de imensa inteligência"[403], e sua crítica direta a ele se devia ao fato de ele presumivelmente considerar a execução de Eichmann um "erro de proporções históricas" que poderia "servir para expiar a culpa sentida por tantos jovens na Alemanha". Arendt se referiu a uma entrevista concedida por Buber em junho de 1962, dias após

---

[400] ARENDT, *Eichmann em Jerusalém*, p. 272.

[401] Ibid., p. 274.

[402] Ibid., p. 274. Cabe notar, incidentalmente, que o próprio Buber assinalou que, por uma questão de princípio, "não aceita o direito do Estado de tirar a vida de qualquer ser humano". Ele recordou já ter se manifestado nesse sentido em 1928, na Alemanha, e que não via qualquer razão para mudar de opinião devido à natureza dos crimes de Eichmann ou ao fato de o julgamento se dar em seu próprio país (HODES, *Martin Buber – an intimate portrait*, p. 113). Não obstante, para ele, estava em jogo muito mais que uma oposição por princípio à pena de morte, mas a consideração pela especificidade dos feitos de Eichmann e, principalmente pelas implicações de ele poder se tornar um expediente expiatório (FELLOWS, "Buber calls Eichmann execution great 'mistake'", p. 15.).

[403] Ibid., p. 273.

a execução de Eichmann, ao repórter Lawrence Fellows, do jornal *The New York Times*[404]. Ela julgou que Buber estranhamente convergiria com Eichmann, que teria se oferecido para ser enforcado em público para "aliviar a carga de culpa da juventude alemã, pois esses jovens são, afinal de contas, inocentes dos acontecimentos e dos atos de seus pais durante a última guerra"[405]. Para Arendt, isso não passava de "sentimentalismo barato", uma vez que se a juventude alemã se sentisse antes responsável, em vez de culpada, se indignaria com os que abundavam em posições destacadas na vida pública e eram culpados de fato, mas não sentiam qualquer culpa. Em vez das "explosões históricas de sentimento de culpa", seria uma reação normal a indignação e o protesto público, mas isso seria certamente arriscado e representaria "com certeza um comprometimento em uma carreira"[406]. Na entrevista mencionada, Buber estava preocupado com as implicações da impressão geral de que a execução de Eichmann encerrava o caso. Enquanto a consciência culpada poderia ajudar a promover o "ressurgimento do humanismo", a remoção dela poderia favorecer "o crescimento de tendências anti-humanas neles e das forças anti-humanas que existem por todo o mundo, sem qualquer consciência ou real consideração pela humanidade"[407].

Como Arendt, Buber reconhecia que Eichmann não era um criminoso comum e se incomodava com a publicidade sensacionalista

---

[404] FELLOWS, "Buber calls Eichmann execution great 'mistake'", p. 15.

[405] ARENDT, *Eichmann em Jerusalém*, p. 264. Em 1964, ela retomou esta consideração: "alguns anos atrás, a execução da sentença de morte para Eichmann despertou uma oposição amplamente difundida, sob a alegação de que poderia aliviar a consciência dos alemães comuns e 'servir para expiar a culpa sentida por muitos jovens na Alemanha', nas palavras de Martin Buber. Bem, se os jovens na Alemanha, jovens demais para terem feito qualquer coisa, *sentem-se* culpados, eles estão errados, confusos ou se utilizando de jogos intelectuais. Não existem coisas como a culpa coletiva ou a inocência coletiva. A culpa e a inocência só fazem sentido se aplicadas aos indivíduos" (Id., "Responsabilidade pessoal sob a ditadura", p. 91, grifos no original).

[406] Id., *Eichmann em Jerusalém*, p. 273.

[407] FELLOWS, "Buber calls Eichmann execution great 'mistake'", p. 15.

associada ao julgamento. Em *Eichmann em Jerusalém,* Arendt mencionou a carta que Buber teria proposto junto a outros intelectuais israelenses renomados, como Gershom Scholem, Hugo Bergmann e Ernst Simon, afirmando que Buber "se opôs ao julgamento desde o começo e que agora tentava persuadir Ben-Gurion a intervir por clemência"[408]. Ele defendia, na verdade, que Eichmann "deveria ser julgado em Israel, mas por uma corte internacional, porque ele não acreditava que os judeus, que eram as vítimas do Holocausto, deveriam também ser os juízes"[409]. Semelhante a Jaspers, Buber temia que os aspectos embaraçosos do julgamento alimentassem o antissemitismo mundo afora e "que uma figura subalterna como Eichmann viesse a se tornar uma espécie de herói mítico por causa de sua execução"[410]. Nos arquivos de Buber na Biblioteca Nacional de Israel, há o rascunho de uma carta não assinada com o seguinte trecho:

> não queremos que essa pessoa odiosa nos transforme em carrascos... Os antissemitas de todo o mundo desejam que caiamos nessa armadilha. A execução da pena de morte permitirá que eles defendam que o povo judeu foi pago com sangue pelo sangue derramado [pelos nazistas][411].

Incidentalmente, cabe notar, tinha opinião análoga Sammy Pulver, sobrevivente romeno dos campos de extermínio que emigrou para o Brasil. O Caso Eichmann foi ocasião para relatar suas memórias. Ainda em 1961, antes da conclusão do julgamento, ele publicou *Sob o tacão de Eichmann: como escapei do massacre*, no qual se posicionou decisivamente contra a aplicação da pena de morte a Eichmann, a quem imputava ter destruído tudo de bom em sua vida. Dirigindo-se diretamente a Eichmann, como recurso estilístico, afirmou que

---

[408] ARENDT, *Eichmann em Jerusalém*, p. 271.

[409] FRIEDMAN, *Martin Buber's life and work – The later years, 1946-1965*, p. 356.

[410] ARENDT; JASPERS, *Briefwechsel – 1926-1969*, p. 447 (14/12/1960) e FRIEDMAN, *Martin Buber's life and work – The later years, 1946-1965*, p. 360.

[411] NAOR, "Who Opposed Eichmann's Execution?".

seria diminuir o valor do sangue daqueles assassinados admitir-se que o desaparecimento de um homem como você fosse uma forma honrosa ou mesmo aceitável de pagamento. Pois nada do que você pudesse sofrer seria tão grande como a imensa tragédia que passamos[412].

Para ele, um judeu não teria o direito de se vingar ou tirar a vida de alguém. Eichmann sequer deveria ser preso, mas antes deveria ter plena liberdade para aprender um pouco a ser humano e em retribuição pregasse

> a liberdade em lugar da escravidão; a vida, em lugar da morte; o amor em vez do ódio que você nutre em nós. Que fosse ser o pai de todas as crianças que você mesmo deixou órfãos; o filho de todas as mães que perderam os seus, o arrimo de todos os que por sua causa ficaram desgraçados. Fazendo isto, então, ter-me-ia pago todo o mal que causou[413].

Buber pôde responder aos comentários de Arendt sobre ele em *Eichmann em Jerusalém*. Ele reclamou por ela basear suas afirmações apenas na entrevista que ele concedeu ao jornal *The New York Times* e lembrou que, ao contrário do que ela disse, ele foi publicamente favorável ao julgamento desde o início e defendeu apenas – junto a outros, como Nahum Goldman, presidente do Conselho Judaico Mundial, em Nova York – que Eichmann deveria ser julgado em Israel por uma corte internacional com ampla divulgação ao redor do mundo[414], "com uma certa representação adequada da humanidade para dar-lhe o tipo certo de horizonte"[415]. Ele salientou que se ela não quisesse se dar ao trabalho de coletar o que foi publicado na imprensa israelense, poderia ao menos ter perguntado a ele as razões de sua oposição à execução de Eichmann antes de escrever o que

---

[412] PULVER, *Sob o tacão de Eichmann: como escapei do massacre*, pp. 267-268.
[413] Ibid., pp. 268.
[414] BUBER, "Eine Ammerkung", p. 233.
[415] FRIEDMAN, *Martin Buber's life and work – The later years, 1946-1965*, p. 360.

escreveu[416]. Esse descuido de Arendt com Buber destoa da *laudatio* irrestrita que ela ofereceu a ele, estando ela ainda antes dos seus trinta anos, reconhecendo-o como "um guia para a juventude", em um texto que poderia estar à vontade entre os ensaios de sua preciosa obra *Men in dark times*. Em 1935, ela descreveu Buber como um líder que era "mais que um bom propagandista do sionismo, mais do que um eminente conhecedor dos problemas judaicos, mais do que um erudito e historiador excelente e mais do que uma representação viva da cultura judaica"[417], alguém que poderia fornecer um conteúdo espiritual para o diverso povo judeu, unificado sob a coerção da perseguição nazista.

Quanto ao veredicto, Buber indicou que teria chamando a atenção de Ben Gurion mais de uma vez para o risco de Israel participar, por meio da execução de Eichmann, do simulacro de reparação do maior extermínio em massa da história, cometido pelos nazistas contra os judeus. Em suas palavras: "devemos tornar possível que a execução seja considerada como um 'ponto final' colocado por nós? (...) Cabe a nós, Israel, continuar a cadeia da morte?"[418]. De fato, Eichmann acabou por obrigar Israel a construir uma forca pela primeira vez e a conduzir a execução da pena de morte, cujos detalhes não deixaram de ser bizarros e mórbidos, como veremos ao final deste capítulo. Incidentalmente, cabe notar que Buber, como Arendt, foi condenado pela opinião pública em Israel pelo que não escreveu, acusado de querer poupar Eichmann ao se opor a sua execução[419].

Gershom Scholem concordava amplamente com Buber, embora com uma retórica muito mais inflamada. As preocupações de Scholem, que também subscreveu a carta com Buber, foram mais claramente explicitadas em um texto publicado por ele poucos meses após a

---

[416] BUBER, "Eine Ammerkung", p. 234.
[417] ARENDT, "Um guia para a juventude: Martin Buber", p. 151.
[418] BUBER, "Eine Ammerkung", p. 234.
[419] FRIEDMAN, *Martin Buber's life and work – The later years, 1946-1965*, p. 361.

4. A PENA DE MORTE PARA EICHMANN...

execução de Eichmann. No texto, originalmente em hebraico, ele afirmou que aqueles que apoiaram o julgamento e estavam preocupados menos com aspectos jurídicos e mais com os aspectos históricos, morais e públicos do julgamento têm de refletir sobre se a execução de Eichmann foi realmente a consumação apropriada desse longo processo. Não estava em questão se Eichmann merecia ou não a pena de morte ou indicar qualquer problema jurídico no processo. Para ele, a pena de morte "falsificou o significado histórico do julgamento ao criar a ilusão de que é possível concluir algo deste caso pelo enforcamento de uma criatura humana ou inumana"[420], provocando assim a impressão de que seria possível se reconciliar com o irreconciliável e colocar um fim em toda a história.

> Um homem, que é apenas o produto corrupto do sistema corrupto que tornou sua existência e sua atividade possíveis, deve ser enforcado, e muitos milhões, especialmente na Alemanha, vão vê-lo como um fim para toda a questão do assassinato de nosso povo. Será dito que os israelenses capturaram o principal organizador do assassinato; deixe-os enforcá-lo e pronto[421].

Para ele, do ponto de vista moral e político, um Eichmann vivo, aprisionado em Israel ou na Alemanha, contribuiria muito mais para uma reconciliação com toda a catástrofe, mas é o caso de temer que um Eichmann enforcado seja antes um obstáculo gigantesco para um acerto de contas, na medida em que ele fosse possível. Para Scholem, o enforcamento, que parece traduzir um juízo severo, na realidade seria uma espécie de mitigação do significado dos acontecimentos para as gerações vindouras: "foi um anticlímax, a peça satírica depois de uma tragédia como nunca havia sido vista antes"[422].

---

[420] SCHOLEM, "Eichmann", p. 299.
[421] Ibid., p. 300.
[422] Ibid.. Cf. YABLONKA, *The state of Israel vs. Adolf Eichmann*, p. 145.

Na carta enfim entregue ao presidente de Israel, os signatários deixaram claro que não estavam a pedir clemência por Eichmann – não haveria ser humano que merecesse menos misericórdia que ele, destacaram –, mas requeriam que ele não fosse executado em Israel em nome do próprio país e de seu próprio povo. Concluir o julgamento com a execução de Eichmann distorceria o significado moral e histórico do julgamento, sendo uma espécie de vitória do tirano Eichmann sobre o povo judeu ao engendrar entre eles um carrasco. Os que odiavam Israel mundo afora estariam esperando que os israelenses caíssem na armadilha da pena de morte, que passaria a impressão de que o caso do extermínio do povo judeu estaria encerrado por meio do pagamento de sangue com sangue[423]. Os signatários claramente não traduziam a opinião pública em Israel, amplamente favorável à execução, conforme indicaram várias pesquisas de opinião realizadas à época. Para Hanna Yablonka, a discussão sobre a pena de morte trazia à tona o contraste entre Israel e os judeus da Diáspora, sendo estes últimos os "liberais compassivos" que se opuseram à execução, em oposição aos nacionalistas, para quem levar a cabo a execução reforçaria o papel de um Estado de Israel forte, capaz de ser fiador da existência e protetor do orgulho e da honra do povo judeu, enviando assim um claro recado para as gerações futuras[424]. Claramente os nacionalistas prevaleceram.

De fora de Israel, o juiz Michael A. Musmanno, da Suprema Corte da Pensilvânia (EUA), escreveu ao presidente Itzhak Ben-Zvi em 29 de maio de 1962, dia em que foi anunciada a decisão contra Eichmann da Corte de Apelação – que, dada a importância do caso, foi constituída pela própria Suprema Corte. Musmanno presidiu em 1947 o julgamento dos *Einsatzgruppen* (esquadrões móveis de extermínio da SS), um dos sucessores do Julgamento de Nuremberg, ocasião em que aproveitou para, em 1948, entrevistar vários nazistas que trabalharam próximos a Hitler, como Herman Göring, Joachim von

---

[423] YABLONKA, *The state of Israel vs. Adolf Eichmann*, p. 154.
[424] Ibid., p. 252.

Ribbentrop, Ernst Kaltenbrunner e Hans Frank. Por essas entrevistas, ele pôde escrever o livro *Ten days to die* (1950), sobre a morte de Hitler, e também depor como testemunha de acusação no julgamento em Jerusalém, relatando o que seus entrevistados teriam dito que implicava Eichmann. Seu testemunho não foi de muita valia, por não apresentar evidências e ter sido considerado tendencioso e de segunda mão. Servatius, defensor de Eichmann, também protestou contra ele atuar como testemunha a partir de experiência em caso que ele conduziu como juiz[425].

Musmanno publicou, ainda em 1961, com o julgamento em curso, o livro *The Eichmann Kommandos*, em que emitiu sua sentença sobre Eichmann e o vinculou aos *Einsatzgruppen*. Musmanno ainda seria protagonista no escândalo em torno de *Eichmann em Jerusalém*, com uma resenha mordaz da obra, publicada no *The New York Times* no mesmo mês em que o livro foi publicado, em maio de 1963. Esse foi o primeiro texto a espraiar a polêmica em torno do livro nos EUA para além da comunidade judaica. O tema de *Eichmann em Jerusalém*, disse Musmanno, é antes de tudo a consciência de Eichmann, e o vemos "invadindo hotéis, campos de concentração, trens, matadouros humanos e emergindo sem nenhuma mancha suja em seu uniforme imaculado, nem – de acordo com Eichmann, com Hannah Arendt aparentemente apoiando sua bazófia – uma mancha suja em sua consciência"[426]. Musmanno buscou vincular estreitamente Eichmann ao extermínio, condenou a menção à cooperação da liderança judaica e a censura de Arendt a Ben Gurion e ao promotor Gideon Hausner. Ele concluiu afirmando que, ao indicar que punições jamais foram suficientes para evitar o cometimento de crimes e que crimes como os de Eichmann poderiam vir a ser cometidos no futuro, Arendt "diz que foi um terrível erro punir Eichmann"[427] – com essa declaração, ele observou em carta enviada posteriormente à revista *The New Yorker*,

---

[425] CESARANI, *Becoming Eichmann*, p. 267.
[426] MUSMANNO, "Man with an unspotted conscience", p. BR1.
[427] Ibid., p. 4D.

"Arendt condena a corte, os juízes, a lei e a civilização como sendo um imenso fracasso"[428].

Em sua carta ao presidente de Israel, Musmanno defendia que a pena de morte de Eichmann não fosse convertida em prisão perpétua, como muitos requereram. Para ele, como o rapto de Eichmann era inteiramente justificável, pela natureza dos seus crimes, e o julgamento foi conduzido com equidade e em conformidade com os procedimentos reconhecidos pelas "nações civilizadas de todo o mundo", não havia qualquer óbice à execução da sentença. Para ele, não executar Eichmann diminuiria a estatura moral e jurídica de Israel e seria como "zombar da lei". Além disso, "que direito teria qualquer nação ou Estado de executar uma pessoa condenada por um assassinato, quando o assassino que matou seis milhões escapa da pena autorizada por lei?"[429]. Segundo ele, os oponentes da pena de morte por princípio teriam em mente que é injusto executar alguém que cometeu um crime motivado por uma grande paixão ou por uma grande necessidade, mas seria um equívoco falar de pena capital no caso de alguém que planejou exterminar todo um segmento da espécie humana. Eichmann não seria um simples assassino, seja em termos jurídicos ou leigos, mas antes *um mal devastador que avança e envolve tudo, como uma praga, uma inundação, um terremoto, um vulcão em erupção (...). É aquele mal que está além de reparo, conserto ou arrependimento*". Tratar-se-ia de um caso excepcional de ódio desenfreado, "um ataque em grande escala contra a espécie humana; e a espécie humana deve revidar assim como uma nação invadida luta contra seus invasores e os mata". Eichmann seria, enfim, "uma serpente que foi retalhada, mas cujo veneno ainda permanece. A destruição deve ser completa antes que se possa ter certeza de que o veneno não infecta mais"[430]. Musmanno reverberou, provavelmente sem o saber, a argumentação

---

[428] Carta de Musmanno a William Shawn, p. 3 (22/07/2022), in *Hannah Arendt Papers*.

[429] MUSMANNO, *The death sentence in the case of Adolf Eichmann*, p. 8.

[430] Ibid., p. 4, grifos meus.

4. A PENA DE MORTE PARA EICHMANN...

de Hausner, na seção 120 do julgamento (13/12/1961), ocorrida entre a declaração de que Eichmann era culpado e a definição da sua pena, no contexto da discussão da acusação com a defesa sobre a sentença:

> aquele que se engajou na obra satânica de extermínio por anos, dia após dia, mês após mês e o fez a partir de uma profunda convicção, de modo implacável e extremamente impiedoso, por uma espécie de entusiasmo por destruir e matar, depois de ter preparado o massacre com todos os meios do terror, do engano e da falsidade, que estava no centro desta obra sangrenta, só pode haver uma sentença para ele, e nenhuma outra[431].

Hanna Yablonka observou que, em sua defesa da pena de morte para Eichmann, Hausner, "fiel a seu estilo dramático e teatral", não exibiu a mesma cautela que os juízes e numerosos intervenientes no debate tiveram para separar justiça de vingança. Ele citou um verso muito conhecido do poeta Haim Nahman Bialik no poema *The city of slaughter* (Na cidade do massacre), escrito em 1904 em homenagem às vítimas do *pogrom* de Kishinev em 1903, sob o império russo: "Satã ainda não inventou uma vingança para o derramamento do sangue de uma pequena criança". Ele ainda remeteu a *Gênesis* 9:6 ("Quem derrama o sangue do homem pelo homem terá seu sangue derramado"), que por sua vez ecoa *Números* 35:19, onde se lê que "o vingador do sangue matará o homicida"[432]. Como não foi raro suceder, toda matéria complexa e abismal, correspondente à natureza dos acontecimentos, se vulgarizava no discurso de Hausner[433].

---

[431] "Trial, Minutes of sessions, English, Nos. 120-121", p. 2 (In. *Hannah Arendt Papers*).

[432] *A Bíblia de Jerusalém*, pp. 43 e 272.

[433] YABLONKA, *The state of Israel vs. Adolf Eichmann*, p. 65. Na carta contrária à condenação à morte assinada por Buber, Scholem e outros proeminentes intelectuais, destacou-se que a execução "apenas confirmaria para uma audiência global o mito de que os judeus eram um povo vingativo". Além disso, "o historiador britânico Arnold Toynbee, Lord Russell, que havia coberto o julgamento para a imprensa britânica, e Richard Crossman MP, que era conhecido como

Por fim, para Musmanno, os que se opunham à execução de Eichmann por considerarem-na um ato de vingança, no sentido do "olho por olho, dente por dente", violavam as fronteiras do bom senso ao não considerarem a desproporção entre a morte de Eichmann e as de milhões de pessoas que ele teria ajudado a assassinar – o fato de que ele não tem "12 milhões de olhos"[434]. Essa posição foi antecipada por Ben Gurion em sua entrevista ao *The New York Times* antes do julgamento: "não pretendemos punir Eichmann; não há punição adequada. De fato, é ridículo ver neste julgamento, como alguns o fazem, qualquer motivo de vingança. Como 6 milhões de pessoas podem ser vingadas?"[435]. Musmanno julgava que a punição era necessária para inibir atos como os de Eichmann, mas também para conservar a autoridade da lei e para preservar a humanidade desse seu membro apodrecido. Em vista disso, dirigiu-se ao presidente, enfatizando que executar a sentença confirmada pela Suprema Corte era antes um dever.

> A execução de Adolf Eichmann não pode ser considerada como vingança, assim como não pode ser classificada sob o título de pena capital. A execução de Eichmann, após um longo julgamento que irrefutavelmente estabeleceu sua vasta culpa, seria simplesmente uma poda salutar da árvore da família humana. Uma árvore é podada a fim de torná-la mais saudável. Se um membro de uma árvore estiver podre, ele é cortado de modo a preservar o tronco e os outros ramos bons para que a árvore possa viver para florescer e produzir frutos e sombra para o homem. Se o membro podre não for cortado, a própria árvore pode morrer. Eichmann é um membro podre na árvore da família humana. Ele deve ser cortado para que a árvore sorria novamente, e novamente levante seus ramos para

---

amigo de Israel, protestaram contra o que seria visto como um ato de vingança" (CESARANI, *Becoming Eichmann*, p. 320). Recentemente, em 2015, o filme documental *About executing Eichmann*, de Forence Jammot, reconstrói o debate à época sobre a condenação de Eichmann à morte.

[434] MUSMANNO, *The death sentence in the case of Adolf Eichmann*, p. 7.
[435] BEN GURION, "The Eichmann Case as seen by Ben Gurion" (18/12/1960), p. 62.

o céu, feliz por ser aliviado do crescimento cancerígeno que a aleijou e a derrubou em tragédia, tristeza e miséria[436].

À metáfora da árvore da humanidade Musmanno acrescentará reiteradamente a caracterização de Eichmann como monstruoso, como alguém que "por seu próprio testemunho, revelou uma criminalidade, uma intenção criminosa e uma mania por sangue sem paralelo na história"[437].

Essa imagem recobra inadvertidamente as considerações de Cícero sobre os tiranos. Também em *Dos deveres*, obra já examinada aqui na seção 1.2., antes de tratar dos piratas no contexto em que defendeu que os juramentos e promessas deveriam ser cumpridos (exceto no caso dos piratas), ele examinou se seria justo causar dano a alguém por interesse próprio – estando prestes a morrer de fome, roubar um "homem inútil", por exemplo. Ele ponderou que seria uma virtude suprema, que conserva a justiça indispensável à "sociedade comum do gênero humano", não lesar quem quer que seja, inclusive o estrangeiro, em benefício próprio[438], pois isso faria necessariamente romper a "sociedade do gênero humano" (*humani generis societatem*), que seria a mais conforme às leis da natureza[439]. Fez, no entanto, duas ponderações importantes. A primeira indicando que se fosse para o bem da república e da comunidade humana que alguém permanecesse vivo, esse alguém poderia se apropriar do que quer que seja de outrem sem merecer censura[440]. A segunda ponderação dizia respeito à licitude de uma pessoa boa despojar um tirano cruel e desumano para não morrer de frio, e a resposta de Cícero foi inequívoca e, para ele, bastante simples:

> não temos laços de comunhão com um tirano, mas sim a mais amarga contenda; e não é contrário à natureza roubar, se se pode, um homem que

---

[436] MUSMANNO, *The death sentence in the case of Adolf Eichmann*, p. 7.
[437] Ibid., p. 11.
[438] CICERO, *De officiis*, p. 291.
[439] Ibid., p. 289.
[440] Ibid., p. 297.

é moralmente correto matar; pois toda essa raça pestilenta e abominável deve ser exterminada da comunidade humana (*hominum comunitate*). E isso pode ser feito por meio de medidas adequadas, pois como certos membros são amputados, se eles mostrarem sinais de estarem sem sangue e virtualmente sem vida e, assim, colocarem em risco a saúde das outras partes do corpo, então aqueles monstros ferozes e selvagens em forma humana deveriam ser cortados do que pode ser chamado de corpo comum da humanidade[441].

Se com um pirata é lícito e moral deliberadamente prometer para não cumprir, com um tirano é lícito e moral roubar e matar, em suma. Como fora da lei e acima da lei, o pirata e o tirano se situam fora das sociedades e das obrigações humanas[442], vivendo o pirata em uma comunidade desarraigada e sem vínculos externos e o tirano na sua solidão, também em guerra contra todos. No âmbito nacional o tirano é o que é o pirata no cenário internacional: o inimigo comum de todos[443]. A humanidade, em Cícero, parecia coincidir aí com o conjunto daqueles que podem fazer promessas e pactos recíprocos. A sua retórica sobre gênero humano e "monstros ferozes e selvagens" poderia induzir ao erro de presumir que ele tivesse os piratas por entes desumanos, o que certamente não é o caso. Ainda assim, as considerações de Cícero são notável precedente para a reiterada consideração de certos transgressores como monstruosos, não mais pertencentes, por seus delitos, à comunidade ou à sociedade humana, ao conjunto das comunidades politicamente organizadas sob leis. Não muito tempo após os comentários de Cícero, Plínio, o Velho, disse que todo o governo de Nero demonstrou que ele era "inimigo do gênero humano" (*hostis humani generis*) e que sua mãe havia registrado em suas memórias que, contra a natureza, ele teria nascido pelos pés, e

---

[441] Ibid., p. 299.
[442] LUBAN, "The enemy of all humanity", p. 128.
[443] SCHMITT, *Der Nomos der Erde*, p. 34.

não pela cabeça⁴⁴⁴. Por suas "ações inumanas" (como o assassinato de sua própria mãe) e por seu "nascimento monstruoso", ele se tornaria inimigo do gênero humano. A identificação do "inimigo do gênero humano" como "contra a natureza", que não encontramos em Cícero, ecoaria nas imagens do monstruoso que acompanharam a história tortuosa desta expressão.

Enfim, para Musmanno, seria "hora de fechar o livro sobre Eichmann", pois ele "não tem mais nada a dizer ao mundo". Devemos deixar

> os seis milhões de assassinados e martirizados falarem. Que eles expressem sua gratidão a Israel por este julgamento de justiça. Deixem a humanidade falar em gratidão por este reconhecimento da lei acima da ganância, da lei acima do assassinato, da lei acima da depravação⁴⁴⁵.

Em vez de pensar na pena de morte para Eichmann como uma punição, Musmanno via em sua execução antes o modo mais adequado de se livrar dele, de extirpá-lo do corpo da humanidade, do qual ele fez parte antes como uma ferida aberta. Não parecia, portanto, esperar que o julgamento acrescentasse algo ao aprimoramento do direito internacional ou à compreensão moral e política do tema.

4.2. A sentença de Arendt

Mas o que dizer da sentença pronunciada por Arendt como encerramento de *Eichmann em Jerusalém*? No início de sua sentença alternativa, dirigindo-se retoricamente diretamente a Eichmann, ela mencionou a alegação dele de que nunca agiu por motivos baixos nem teve a inclinação de matar alguém, que não teria podido agir de outra forma nem se sente culpado e que desempenhou uma função

---

⁴⁴⁴ LUBAN, "The enemy of all humanity", p. 127.
⁴⁴⁵ MUSMANNO, *The death sentence in the case of Adolf Eichmann*, p. 16.

meramente executiva que poderia ter sido realizada por qualquer outra pessoa. Ele apelaria, assim, para a noção de culpa coletiva, consoante a qual ninguém acaba sendo culpado. Não obstante, concluiu ela, "culpa e inocência diante da lei são de natureza objetiva, e mesmo que 80 milhões de alemães tivessem feito o que você fez, isso não seria desculpa para você"[446]. Antes de chegar a essa conclusão, ela lembra não os exemplos da tragédia grega oferecidos por Yosal Rogat, com quem ela vinha dialogando no epílogo, mas o de Sodoma e Gomorra. Arendt recorreu à narrativa bíblica da destruição das duas cidades "porque todo o povo delas havia se tornado igualmente culpado"[447], devido a ações de cada sujeito individual, mas não coletivamente culpado, independentemente do que cada indivíduo tivesse feito[448]. Por mais estranha que permaneça a correspondente associação entre os procedimentos judiciais e o "fogo do céu" que destruiu as duas cidades pela culpa objetiva de seus povos, "é claro que não importa quem mais seja culpado, nada disso desculpa os crimes que o próprio Eichmann cometeu, de modo que sua culpa individual – ligada a seus atos específicos – parece emergir como central"[449], como bem observou Judith Butler. Aqui, Arendt pareceu próxima de Scholem, que, em seu texto sobre a execução da pena de morte contra Eichmann, observou: "se fôssemos 'fazer justiça', deter ou vingar o derramamento de sangue de nosso povo, então isso teria de ser feito a dezenas e centenas de milhares cujas mãos estão sujas de sangue"[450].

Muitos poderiam ter feito o que Eichmann fez, ponderou Arendt, no segundo parágrafo da sua sentença, mas o que importa é que foi ele

---

[446] ARENDT, *Eichmann em Jerusalém*, p. 301. A tradução brasileira registra "8 milhões".

[447] Ibid., p. 301.

[448] "*Não faz sentido acusar um povo como um todo de ter cometido um crime. Criminoso é sempre apenas o indivíduo*" (JASPERS, *A questão da culpa*, p. 32 [original p. 28], grifos no original).

[449] BUTLER, "Hannah Arendt's death sentences", p. 288. Cf. GOTTLIEB, "Beyond Tragedy: Arendt, Rogat, and the Judges in Jerusalem", pp. 50-51).

[450] SCHOLEM, "Eichmann", p. 299.

quem fez e não "a natureza possivelmente não criminosa de sua vida interior e de seus motivos ou as potencialidades criminosas daqueles à sua volta"[451]. Ainda que ele fosse efetivamente um azarado, por ser um cidadão respeitador das leis em um Estado criminoso, como alegou em sua fala logo após a sentença da corte, é decisivo que sua obediência na execução de uma "política de assassinato em massa" o fez um ativo apoiador do regime, pois "em política, obediência e apoio são a mesma coisa"[452]. E Arendt concluiu seu veredicto:

> e, assim como você apoiou e executou uma política de não partilhar a Terra com o povo judeu e com o povo de diversas outras nações – como se você e seus superiores tivessem o direito de determinar quem devia e quem não devia habitar o mundo –, consideramos que ninguém, isto é, nenhum membro da espécie humana, haverá de querer partilhar a Terra com você. Esta é a razão, e a única razão, pela qual você deve morrer na forca[453].

O veredicto de Arendt também gerou bastante controvérsia, tendo sido considerado arrogante, e foi profundamente incômodo para os mais diretamente envolvidos no julgamento[454]. Todavia, os numerosos outros elementos do escândalo em torno do livro acabaram por deixar os termos da sentença alternativa dela praticamente não examinados, até recentemente. Em seu texto sobre as questões jurídicas do julgamento, Yosal Rogat mencionou a máxima de que "a justiça não deve apenas ser feita, ela deve ser vista"[455], na qual se expressava, para ele, a importância tanto do escrutínio público, quanto da confiança

---

[451] ARENDT, *Eichmann em Jerusalém*, p. 301.
[452] Ibid., p. 302. Arendt teria a obediência como um dos principais focos do texto "Responsabilidade pessoal sob a ditadura", o primeiro que ela publicou em reação à polêmica em torno de *Eichmann em Jerusalém*.
[453] ARENDT, *Eichmann em Jerusalém*, p. 302.
[454] Cf. SHAKED, "The unknown Eichmann Trial: the story of the judge", p. 14.
[455] ROGAT, *The Eichmann trial and the rule of law*, p. 34.

pública. Arendt mencionou essa máxima para afirmar que a justiça do que foi feito em Jerusalém não teria ficado visível para todos porque a sentença proferida não teria tido a ousadia de sustentar que, como Eichmann estava "implicado e desempenhou um papel central no empreendimento cujo propósito declarado era eliminar certas 'raças' da face da Terra para sempre, ele teve de ser eliminado"[456]. Embora Arendt tenha mencionado que a justiça foi feita em Jerusalém, ela pareceu julgar ser necessária a sentença alternativa com que encerra seu relato, porque a justiça e suas razões precisam ser vistas, como se a justiça não tivesse sido feita no tribunal pela via mais adequada para "ser vista".

Jacob Robinson percebeu, no trecho citado logo acima, uma única alteração feita por Arendt na versão da revista *The New Yorker* para o livro publicado: em vez de dizer que "ele teve de ser eliminado", ela anotou na versão original da revista que "nem essas 'raças' nem a humanidade (*mankind*) como um todo poderiam permitir que ele permanecesse entre os vivos"[457]. Mais que uma aprovação do julgamento, Arendt forneceu nessa versão uma justificativa para a pena de morte. Robinson então assinalou:

> isso soa como o "instinto sadio do povo" que guiava os notórios Tribunais Populares Nazistas que julgavam inimigos do regime. Quem pode decidir se os membros da espécie humana podem ou não "desejar compartilhar a Terra" com pessoas como Eichmann? Isso teria de fazer parte das conclusões do tribunal? Por quais métodos o tribunal poderia chegar a tal conclusão?[458]

Robinson – de modo um tanto surpreendente, uma vez que foi um dos assistentes da acusação – também se posicionou contra a execução da pena de morte, uma vez que, para ele, criminosos nazistas como

---

[456] ARENDT, *Eichmann em Jerusalém*, p. 300.
[457] ROBINSON, *And the crooked shall be made straight*, p. 134.
[458] Ibid., p. 134.

Eichmann eram importantes testemunhas para o estudo da Solução Final[459].

Recentemente, Judith Butler fez uma análise minuciosa e inspiradora da sentença de Arendt, atenta ao significado e às implicações das opções estilísticas do texto, principalmente quando Arendt falou na primeira pessoa do plural. Butler notou que, por vezes, é bastante difícil compreender a posição de Arendt, assim como as razões de ela ter julgado necessário "completar" o veredicto proferido pelos juízes, tão elogiados por ela, e sentenciar Eichmann novamente à morte. No seu diálogo direto com Eichmann, ela ora parece falar como os juízes na seção em que proferiram a sentença, ora como um "nós" que ultrapassa a sala do tribunal e o país cujas leis presidem o julgamento[460]. Como pano de fundo desse "nós" estaria a compreensão de que "o genocídio é inaceitável porque constitui um ataque à própria pluralidade humana"[461] e disto parecia seguir o princípio de que "aqueles que buscam erradicar a pluralidade da vida humana perdem o direito à vida e que a pena de morte é justificada apenas nos casos em que o genocídio foi estabelecido"[462].

Mas, para retomar as questões de Jacob Robinson acima, alguém tem ou deveria ter o direito de decidir isto, mesmo que seja a "humanidade"? Quem tem ou deveria ter o direito de falar em nome da "humanidade"? Como bem notou Butler, "exercer o direito de

---

[459] YABLONKA, *The state of Israel vs. Adolf Eichmann*, p. 147.

[460] Para Susannah Young-ah Gottlieb ("Beyond Tragedy: Arendt, Rogat, and the judges in Jerusalem", pp. 49-50), quanto ao "nós" na sentença em que fala da concepção como bárbara da proposição de que uma comunidade tem o dever de punir o criminoso, estaríamos ainda no registro irônico mediante o qual Arendt manteve distância da compreensão moderna, civilizada, de que a *mens rea* tem de acompanhar o *actus reus* para estabelecer a punição criminal. No caso do "nós" da sentença alternativa de Arendt, parece-nos, no entanto, como nota Fina Birulés, que Arendt abandonou qualquer ironia e queria, antes, indicar que o julgar se dá "em companhia" (BIRULÉS, "Arendt sobre Eichmann, unha lectura radical", p. 41).

[461] BUTLER, "Hannah Arendt's death sentences", p. 291.

[462] Ibid., p. 288.

decidir com quem conviver nesta Terra é invocar uma prerrogativa genocida"⁴⁶³. Eichmann não teria entendido, segundo Arendt, que

> podemos escolher várias formas de como e onde viver e, localmente, podemos até escolher com quem viver. Mas, se fôssemos nós a decidir com quem coabitar no planeta, estaríamos decidindo qual porção da humanidade deveria viver e qual deveria morrer⁴⁶⁴.

Em "Algumas questões de filosofia moral"⁴⁶⁵, Arendt concebeu a ética antes de tudo como uma questão de escolha de companhia, e isso implica antes em afastar-se ou aproximar-se dos outros, mas jamais em decidir sobre quem tem o direito a habitar o planeta. Michael Musmanno, na sua polêmica resenha de *Eichmann em Jerusalém*, observou que, ao propor uma sentença alternativa, sugerindo que Eichmann deveria ser enforcado estritamente porque ninguém gostaria de partilhar o planeta com ele, Arendt ignoraria que muita gente compartilharia com prazer a companhia de Eichmann⁴⁶⁶ e sustentou que ela acabou por tornar o julgamento de oito meses conduzido por juízes sábios "um ato de pura vingança"⁴⁶⁷ – acusação que claramente não encontra respaldo em *Eichmann em Jerusalém*. Arendt falou que o argumento principal contra o julgamento era o de que ele foi estabelecido "para aplacar o desejo e talvez o direito de vingança das vítimas"⁴⁶⁸. Arendt se preocupava com que o julgamento não fosse compreendido desse modo, e destacou a importância de que a lei prevalecesse, e não o desejo de vingança da vítima, por mais legítimo que parecesse. Para Arendt, o julgamento não foi uma vingança precisamente pelos seus méritos. Ele apenas não esteve à altura dos desafios jurídicos colocados pelos acontecimentos, principalmente no

---

⁴⁶³ Ibid., p. 292.
⁴⁶⁴ Id., "Vida precaria, vulnerabilidad y ética de la cohabitación", p. 63.
⁴⁶⁵ ARENDT, "Algumas questões de filosofia moral", p. 212.
⁴⁶⁶ Cf. Ibid., p. 212.
⁴⁶⁷ MUSMANNO, "Man with an unspotted conscience" p. 4D.
⁴⁶⁸ ARENDT, *Eichmann em Jerusalém*, p. 283.

que diz respeito a como lidar com a ausência de precedentes no direito internacional[469].

Arendt concordaria com Israel na defesa de que aos implementadores do genocídio cabe a exceção da pena de morte? Eichmann foi o único condenado à morte executado em Israel até hoje[470]. Como não se tornar cúmplice, por essa via, da vingança reiterada, da persistente reconexão das cadeias da morte, como disse Martin Buber? Havia, de fato, o risco notório de "sacralizar a *vingança* sob o nome de *justiça*"[471]. Reforçando as preocupações de Buber, "o princípio de Arendt para justificar a pena de morte parece agrupar aqueles que proferem a sentença de morte com aqueles que cometem os crimes"[472]. Possivelmente seria o caso, como reclamava Buber, de temperar a justiça com imaginação, como destacamos em epígrafe, e conceber uma sentença tão nova quanto o crime e o criminoso em questão, cujo propósito explícito fosse justamente deixar claro que ninguém tem ou deveria ter o direito de decidir quem pode ou não habitar a Terra. Certamente a pena de morte não cumpriu esse papel. Arendt, ao contrário de Buber, Scholem e tantos outros, parecia tratar a pena de morte como algo não problemático, no caso específico, ou mesmo conceber, por sua retórica, o genocídio como um crime que se pode punir ou perdoar, quando ela de fato concordou com os pensadores mencionados e outros sobre não haver punição proporcional para o genocídio.

Ernst Simon, outro signatário da carta e próximo a Buber, também se posicionou sobre a crítica de Arendt aos que se manifestaram contra a pena de morte de Eichmann. Ele era antigo conhecido de Arendt devido ao interesse comum dele no partido Ikhud, de Judah

---

[469] Parece-nos, portanto, injustificada a tese de Roger Berkowitz de que, para Arendt, a vingança poderia ser uma justificação para a condenação e a execução de Eichmann, devido à radicalidade de seus atos e à banalidade de seu caráter ("'The angry Jew has gotten his revenge': Hannah Arendt on revenge and reconciliation", pp. 13-14).

[470] YABLONKA, *The state of Israel vs. Adolf Eichmann*, p. 140.

[471] NIETZSCHE, *Genealogia da moral* (II, 11), p. 62, grifos no original.

[472] BUTLER, "Hannah Arendt's death sentences", p. 292.

Magnes, que defendia uma solução binacional para o Estado de Israel. Simon lamentou que Arendt não tenha persistido na interpretação oferecida em *Origens do totalitarismo* (como Lionel Abel e Scholem, estes especificamente sobre a alteração da noção de mal radical para a expressão "banalidade do mal"), no qual ela indicou que o que os nazistas fizeram não poderia ser assimilado ao mal limitado que é o homicídio, apresentando apenas uma diferença de escala. Os massacres administrativos em massa eram um mal ilimitado porque pretendiam "impor a ideia de que a sua vítima nunca tenha existido"[473]. Buscando provar que "tudo é possível" – mais que "tudo é permitido" –, eles apenas provaram que "tudo pode ser destruído" e involuntariamente descobriram "que existem crimes que os homens não podem punir nem perdoar"[474]. Simon julgou que as críticas de Arendt a Buber em *Eichmann em Jerusalém*, que seriam mobilizadas por seu "preconceito antissionista contra ele", se aplicariam igualmente à posição dela em *Origens do totalitarismo*. Ele citou então um trecho da versão alemã de "Ideologia e terror: uma nova forma de governo", último capítulo de *Origens do totalitarismo* (trecho que não se encontra na edição original em inglês):

> a pena de morte torna-se absurda quando não se trata de assassinos que sabem o que é assassinato, mas de líderes políticos do povo que organizam o assassinato de milhões de tal forma que torna todos os envolvidos subjetivamente inocentes: tanto as vítimas assassinadas porque não atacaram o regime, e os assassinos, porque não agiram por quaisquer motivos "assassinos" (...). Humanamente, devemos também assumir em grande parte a responsabilidade pelo que as pessoas fizeram em algum lugar do mundo sem nosso conhecimento ou envolvimento; caso contrário, não haveria unidade do gênero humano (*Menschengeschlechtes*) (...)[475].

---

[473] ARENDT, *Origens do totalitarismo*, p. 493.
[474] Ibid., p. 510.
[475] Aqui, Simon suprimiu este relevante trecho: "Podemos fazê-lo porque entendemos humanamente os motivos especificamente maus ou a conveniência

4. A PENA DE MORTE PARA EICHMANN...

Mesmo a punição do criminoso ainda é um ato de responsabilidade e solidariedade humana. As câmaras de gás do Terceiro Reich e os campos de concentração da União Soviética interromperam a continuidade da história Ocidental porque ninguém pode assumir seriamente a responsabilidade por eles e ninguém pode ser responsabilizado seriamente por eles. Ao mesmo tempo, eles ameaçam essa solidariedade entre os seres humanos, que é o pré-requisito para ousarmos julgar e condenar as ações dos outros[476].

Arendt concordaria com as posições draconianas de Musmanno ou mesmo de Scholem, para quem Eichmann "merecia morrer milhares de mortes todo dia"[477]? Eichmann deveria ser morto porque não havia nada pior a se fazer com ele? Em 1950, Arendt observou que

> não faz sentido enforcar por assassinato alguém que participou da fabricação de cadáveres (embora dificilmente possamos dispor de qualquer outra providência). Foram crimes para os quais nenhuma punição parece adequada, visto que a punição máxima é a pena de morte[478].

Não fica claro o que se alcança com a punição de Eichmann com a morte, uma vez que não há reparação possível do dano ou proporcionalidade possível na pena, e Arendt reconheceu que "nenhum castigo jamais possuiu poder suficiente para impedir a perpetração

---

especificamente calculada da ação" (ARENDT, *Elemente und Ursprünge totale Herrschaft*, p. 946).

[476] SIMON, "Hannah Arendt – Eine Analyse", pp. 64-65 (Citando ARENDT, *Elemente und Ursprünge totale Herrschaft*, pp. 945-946). Na edição em inglês, na tradução brasileira, encontramos o seguinte trecho: "Do mesmo modo como as vítimas nas fábricas da morte ou nos poços do esquecimento já não são 'humanas' aos olhos de seus carrascos, também essa novíssima espécie de criminosos situa-se além dos limites da própria solidariedade do pecado humano" (ARENDT, *Origens do totalitarismo*, p. 510).

[477] SCHOLEM, "Eichmann", p. 299.

[478] ARENDT, "As técnicas sociológicas e o estudo dos campos de concentração", p. 271.

de crimes"⁴⁷⁹. Além disso, a punição com o propósito de inibir novos crimes parece um tanto fora de lugar no caso de crimes como os massacres administrativos em massa, que não se apoiam ou dependem estritamente dos motivos subjetivos dos seus perpetradores⁴⁸⁰.

A corte se pronunciou na sentença afirmando que definiu pela pena de morte para Eichmann porque a lei sob a qual ele estava sendo julgado previa esta pena máxima para cada crime pelo qual ele fora condenado, e também porque, além de punir o acusado, estava em questão dissuadir outros de cometerem crimes como os dele no futuro⁴⁸¹. Arendt pôde acessar a transcrição da seção em que foi definida a pena de morte pouco após ela ter sido anunciada. Menos de quinze dias depois, ela confidenciou a Gertrud e Karl Jaspers que não tinha formado um juízo final sobre o desenlace do julgamento, mas que ficou desapontada com o veredicto: "em vez de admitir que é preciso fazer justiça mesmo quando a lei deixa a pessoa na mão, tudo foi construído de forma que pode funcionar legalmente, mas de modo algum corresponde à realidade"⁴⁸². Em sua crítica a Arendt, Jacob Robinson avaliou que ela não teria compreendido o fato de que a corte

---

⁴⁷⁹ Id., *Eichmann em Jerusalém*, p. 296.

⁴⁸⁰ "O argumento da dissuasão ainda não conseguiria convencer na medida em que as atrocidades do século XX não surgiram de intenções criminosas, mas como desdobramentos de um desejo de fazer o bem. Isso é mais evidente em relação aos crimes do comunismo – o Gulag, a fome na Ucrânia, liquidação dos '*Kulaks*'. Mas mesmo os piores pesadelos nazistas estavam ligados a um projeto para criar um mundo melhor (...). No entanto, se os atos não evidenciam intenção criminosa, e ao invés disso surgem como aspectos de programas ideológicos que lutam pela vida boa, por mais distante que esteja no futuro, ou para salvar o mundo de um perigo presente, então o argumento da dissuasão parece incongruente" (KOSKENNIEMI, *The Politics of International Law*, p. 176).

⁴⁸¹ "Trial, Minutes of sessions, English, Nos. 120-121", p. 21 [A2] (In. *Hannah Arendt Papers*). Para Yosal Rogat, os atos de Eichmann "são fundamentalmente incomensuráveis com a punição", de modo que as justificações tradicionais para a punição, como a reforma do criminoso ou a dissuasão de ações análogas (*The Eichmann trial and the rule of law*, p. 11).

⁴⁸² ARENDT; JASPERS, *Briefwechsel – 1926-1969*, p. 504 (30/12/1961).

"obedeceu às exigências da justiça". A corte "não assume o papel de criadora: não cria o procedimento; não cria a terminologia legal e não busca conceber seu próprio sistema de justiça"[483].

Arendt esperava que julgamentos como os de Eichmann pudessem contribuir para a constituição de uma humanidade plural na qual o genocídio fosse concebido como um crime contra a própria comunidade dos indivíduos e povos humanos. Mas ela concordava com Yosal Rogat que, no caso do julgamento em Jerusalém, a insistência de Ben Gurion e da acusação em que somente Israel

> deveria julgar Eichmann por crimes contra judeus em vez de ter um tribunal internacional a julgá-lo por crimes contra seres humanos é precisamente o tipo de decisão que retarda os esforços para aplicar o estado de direito (*rule of law*) à comunidade internacional[484].

Rogat lembrou que Telford Taylor, que atuou como promotor em Nuremberg e acompanhou o julgamento de Eichmann, disse que "a essência da lei é que um crime não é cometido apenas contra a vítima, mas principalmente contra a comunidade cuja lei é violada"[485]. Arendt citou esse mesmo trecho em *Eichmann em Jerusalém* e comentou adiante que, no caso do genocídio, a comunidade violada é inteiramente diferente:

> assim como um assassino é processado porque violou a lei da comunidade, e não porque privou a família Silva de seu marido, pai, ou arrimo, assim também esses assassinos modernos empregados pelo Estado devem ser processados porque violaram a ordem da humanidade e não porque mataram milhões de pessoas[486].

Mas que ordem da humanidade? Tratava-se, para Arendt, da violação da pluralidade da humanidade mediante o extermínio de

---

[483] ROBINSON, *And the crooked shall be made straight*, p. 101.
[484] ROGAT, *The Eichmann trial and the rule of law*, p. 41.
[485] Ibid.
[486] ARENDT, *Eichmann em Jerusalém*, p. 283.

indivíduos e grupos que são perseguidos pelo que irremediavelmente são, e não pelo que fazem ou dizem, e isto consiste em um crime que concerne a todos os seres humanos, não apenas às vítimas. O discernimento dessa especificidade do genocídio é mobilizado por aquela *humanitas* de que falamos no final do capítulo anterior e que "se manifesta numa presteza em partilhar o mundo com outros seres humanos"[487]. O problema que permanece é o da paradoxal e mesmo aporética justificação da pena de morte de Eichmann em nome da defesa da pluralidade, uma vez que a punição concebida por Arendt "continua alguma parte do crime"[488], nas palavras acertadas de Butler – e é com o que temos de lidar, pois Arendt não retornou ao tema.

4.3. Uma forca e um forno crematório em Israel

Eichmann recebeu, às 20h do dia 31 de maio de 1962, a notícia de que seu apelo por comutação da pena foi negado pelo presidente de Israel e que ele seria executado neste mesmo dia à meia-noite. Ele teria recebido a notícia com serenidade. Pediu uma garrafa de vinho branco e se pôs a escrever suas últimas cartas. O pastor protestante canadense William Hull foi chamado às pressas para acompanhar os últimos momentos de Eichmann, para o caso de ele desejar confessar-se ou declarar-se arrependido. O pastor havia se encontrado amistosamente com Eichmann na prisão várias vezes nos tempos recentes, inclusive na manhã deste mesmo dia, buscando sua conversão. Apenas oito pessoas acompanharam a execução, além de Hull, sendo dois membros da imprensa israelense e dois da imprensa estrangeira, e sendo os demais membros da força policial israelense. Ao encontrar Hull, Eichmann diz que o pastor parecia triste, mas que ele não estava. Ele foi perguntado sobre se estava pronto para se arrepender, mas

---

[487] Id., "Sobre a humanidade em tempos sombrios: reflexões sobre Lessing", p. 31.
[488] BUTLER, "Hannah Arendt's death sentences", p. 295.

respondeu que não mudou de ideia e estava bastante seguro quanto a isso. O que lhe daria paz seria sua crença de que a morte é apenas a libertação da alma, a convicção de que há um arranjo na natureza que revela um plano ordenado. Para Hull, "ele dava toda a aparência de estar feliz, até alegre, e sem nenhum sinal de medo. Ele parecia dar as boas-vindas ao fim"[489].

Próximo à meia-noite, Eichmann foi conduzido um tanto cambaleante, por ter bebido várias taças de vinho, para a sala onde foi improvisada a forca. No caminho, ele pediu aos guardas que limpassem seu nariz, que estava escorrendo, o que foi feito prontamente. Ele teve de aguardar algum tempo no corredor até que os preparativos da forca fossem finalizados[490]. Eichmann foi posicionado na forca, recusou o capuz que lhe ofereceram, pronunciou suas famosas últimas palavras, e disse que estava pronto[491]. Arendt descreveu a cena nos seguintes termos:

> quando os guardas amarraram seus tornozelos e joelhos, pediu que afrouxassem as cordas para que pudesse ficar de pé. "Não preciso disso", declarou quando lhe ofereceram o capuz preto. Estava perfeitamente controlado. Não, mais do que isso: estava completamente ele mesmo. Nada poderia demonstrá-lo mais convincentemente do que a grotesca tolice de suas últimas palavras. Começou dizendo enfaticamente que era um *Gottgläubiger,* expressando assim da maneira comum dos nazistas que não era cristão e não acreditava na vida depois da morte. E continuou: "Dentro de pouco tempo, senhores, *iremos encontrar-nos de novo.* Esse é o destino de todos os homens. Viva a Alemanha, viva a Argentina, viva a Áustria. *Não as esquecerei".* Diante da morte, encontrou o clichê usado na oratória fúnebre. No cadafalso, sua memória lhe aplicou um último

---

[489] HULL, *The struggle for a soul*, p. 157.

[490] "Quando começamos de novo, um guarda pediu do final do corredor para esperar, que não estava pronto. Que situação horrível: o prisioneiro atrás de mim cambaleando entre seus dois guardas, todos prontos para sua execução e seus carrascos não prontos para ele" (Ibid., p. 158).

[491] Ibid., p. 160.

golpe: ele estava "animado", esqueceu-se que aquele era seu próprio funeral.

Foi como se naqueles últimos minutos estivesse resumindo a lição que este longo curso de maldade humana nos ensinou – a lição da temível *banalidade do mal,* que desafia as palavras e os pensamentos[492].

Os dois carrascos se posicionaram próximos ao mecanismo que acionava o alçapão sob os pés de Eichmann, que tinha dois botões: "apenas um dos botões operaria realmente a porta e nenhum dos dois saberia se ele havia perpetrado o ato final"[493], o que não teria impedido que a experiência fosse altamente traumática, ao menos para um deles[494]. O pastor Hull observou que, em sua vida, Eichmann nada fez digno de "admiração ou respeito", mas ele teria morrido corajosamente, sem fraquejar – "nunca se saberá quanto de sua coragem foi devido ao vinho branco que ele bebeu antes de sua execução, mas uma coisa ficou clara: ele morreu bravamente"[495]. Arendt notou que ele "foi para o cadafalso com grande dignidade"[496] – "a dignidade que um enforcamento permite", ponderou Cesarani[497].

Eichmann pediu para ser cremado, o que foi prontamente concedido, mas as autoridades da prisão se deram conta algum tempo depois de que havia um regulamento determinando que os restos

---

[492] ARENDT, *Eichmann em Jerusalém*, p. 274. O reverendo Hull relatou as seguintes palavras finais: "'Vida longa à Alemanha. Viva longa à Argentina. Viva longa à Áustria. Estes são os três países com os quais estive mais ligado e que não esquecerei. Saúdo minha esposa, minha família e meus amigos. Tive de obedecer às leis da guerra e à minha bandeira. Estou pronto'. Mais tarde: 'Senhores, em breve nos encontraremos novamente, assim é o destino de todos os homens. Eu acreditei em Deus durante toda a minha vida e morro acreditando em Deus'" (HULL, *The struggle for a soul*, p. 159)

[493] CESARANI, *Becoming Eichmann*, p. 321.

[494] MANN, "Hangman's perspective: three genres of critique following Eichmann", 665.

[495] HULL, *The struggle for a soul*, p. 160.

[496] ARENDT, *Eichmann em Jerusalém*, p. 274.

[497] CESARANI, *Becoming Eichmann*, p. 322.

mortais de um prisioneiro morto sob custódia deveriam ser entregues aos familiares. Além disso, como a lei judaica determina que uma pessoa falecida deve ser sepultada, não havia instalações para a cremação. O regulamento penitenciário havia sido alterado rapidamente para permitir a cremação e a dispersão das cinzas.

> Enquanto os burocratas pavimentavam o caminho legal para se livrar do corpo de Eichmann, engenheiros do exército, policiais e empreiteiros civis trabalhavam sob o mais estrito sigilo em um laranjal perto da costa para construir um crematório rudimentar para um trabalho único[498].

O grande forno erigido em meio às árvores, próximo ao complexo prisional, com dimensões apropriadas para acomodar o cadáver de Eichmann, tinha uma chaminé com três metros de altura. Quando a porta de metal do forno foi aberta, revelou-se um intenso fogo em seu interior. Havia internamente trilhos aos quais estava conectada uma espécie de garfo com duas pontas com dois metros e meio de comprimento cuja função era acomodar o corpo externamente e conduzi-lo para o interior do forno. A precariedade da construção se revelou quando os policiais acomodaram o cadáver sobre o garfo e, ao tentarem conduzi-lo para o interior do forno, perderam o equilíbrio, fazendo o garfo cair e o corpo rolar no chão. O pastor Hull observou que "parecia quase indecente olhar para a cena enquanto o cobertor caía, expondo novamente o rosto e o corpo"[499]. Pior ainda, observou Cesarani:

> em meio ao clarão das luzes e ao brilho ardente da fornalha, *em uma cena que não estaria fora de lugar na floresta perto de Chelmno ou nos crematórios de Birkenau*, figuras uniformizadas lutavam para erguer o cadáver de volta para os dentes de metal e empurrá-lo para o fogo

---

[498] Ibid., p. 322.
[499] HULL, *The struggle for a soul*, p. 164.

crepitante. Finalmente eles conseguiram, os dentes foram puxados para fora, e a alavanca foi puxada para fechar a porta[500].

"Que estranho destino – observou Hull – para quem havia enviado tantos para a mesma morte estranha, embora não fortalecidos e fortificados pelo vinho, mas, em vez disso, queimados vivos"[501]. Após um tempo, as cinzas de Eichmann foram recolhidas e colocadas em um pote de metal. O pastor Hull foi convidado também para ser testemunha da cremação e acompanhar a dispersão das cinzas no mar. Foram então os policiais com as cinzas até o porto de Jafa, seguiram em uma lancha até águas internacionais e dispensaram as cinzas no Mediterrâneo. Por Eichmann, *exorbitando os temores de Buber, Israel teve de construir pela primeira vez não apenas uma forca, mas também um forno crematório.*

Nas palavras de Hausner, em sua defesa da aplicação da pena de morte no julgamento, logo após o anúncio da condenação, Eichmann foi excluído da "sociedade dos seres humanos" pela enormidade dos seus feitos hediondos, por ter escolhido "voluntaria e conscientemente" tornar-se uma besta feroz sedenta por sangue, tendo assim ultrapassado a fronteira "que separa os seres humanos das bestas". Tal transgressor solaparia, assim, os fundamentos do muro de proibições e prescrições morais que resguardaria a civilização dos instintos bestiais mais básicos e se lança na "terra de ninguém", onde não é possível ter qualquer denominador comum com o ser humano civilizado. Em uma desconfortável semelhança com a sentença alternativa de Arendt, ele prosseguiu:

> mesmo o homicida e o assassino ainda é um ser humano, embora seu pecado contra o bem-estar social seja muito grave. Apesar do horror

---

[500] CESARANI, *Becoming Eichmann*, p. 322, grifos meus. O próprio construtor do forno, um sobrevivente do campo de Buchenwald que acompanhou a cremação, disse que não houve como não lembrar do campo de extermínio. Cf. https://www.israelhayom.com/2022/06/03/i-lit-the-oven-put-the-body-in-and-that-was-that-all-i-did-was-turn-eichmann-into-ashes/.

[501] HULL, *The struggle for a soul*, p. 165.

4. A PENA DE MORTE PARA EICHMANN...

de seu crime, ele ainda está dentro dos limites da sociedade humana. Há muitos que sustentam que há razões de peso a favor da abolição da pena de morte por homicídio, e o Estado de Israel é um dos países que aboliram tal pena capital; mas *aquele que peca contra a humanidade, aquele que fere não apenas o bem-estar social, mas mina a própria existência da sociedade; aquele que nega o fato de que todo ser humano tem obrigações específicas para com seus semelhantes; aquele que acredita ser permissível para ele assassinar um povo, e o faz por um ódio frio e calculado contra todo aquele povo, coloca-se fora dos limites da humanidade. Tal criatura, por seus atos, negou a si mesma o direito de andar entre os humanos, e a sociedade humana é obrigada a expulsá-lo, por assim dizer, e não apenas a se defender contra criminosos de seu tipo*[502].

Arendt considerava que a dificuldade para prender e extraditar nazistas da Argentina foi um agravante, mas que Eichmann foi raptado, em vez de devidamente preso e extraditado, por ser um "apátrida *de facto*"[503]**, como os piratas, e não deixa de ser simbólico de sua condição que, após ser enforcado e cremado, suas cinzas tenham sido lançadas no Mediterrâneo, fora das águas territoriais israelenses – fora devolvido à "terra de ninguém", o alto mar onde atuavam os piratas**[504].

---

[502] "Trial, Minutes of sessions, English, Nos. 120-121", p. 7 [C2] (In. *Hannah Arendt Papers*), grifos meus.
[503] ARENDT, *Eichmann em Jerusalém*, pp. 263 e 286.
[504] Cf. Ibid., p. 264.

EPÍLOGO

O LEGADO DO JULGAMENTO E A RESPONSABILIDADE PESSOAL

"Eu sou a vítima de uma falácia"[505]

Adolf Eichmann

Hanna Yablonka observou que o julgamento de Eichmann ocorreu simbolicamente durante o período do *Bar mitzvá* do jovem Estado de Israel, a cerimônia que consagra a assunção do fardo da responsabilidade da vida adulta, e isso acabou involuntariamente por ultrapassar a mera coincidência[506]. O julgamento forjou não apenas a vinculação indelével de Israel com o extermínio perpetrado pelos nazistas, mas ainda articulou em torno desse evento um "nós" nacional a assimilar os sobreviventes – antes sem qualquer protagonismo e agora o ponto de convergência da unidade nacional. As narrativas da catástrofe deslindadas pelos sobreviventes que atuaram como testemunhas no julgamento "eram dramática e tragicamente sem precedentes e forneceram a Israel uma catarse que não tinha de sofrer o desconforto do

---

[505] "Trial, Minutes of sessions-German, Nos. 120-121", p. 18 (In. *Hannah Arendt Papers*). Cf. Arendt, *Eichmann em Jerusalém*, pp. 269-270.
[506] YABLONKA, *The state of Israel vs. Adolf Eichmann*, p. 254.

debate intelectual"[507]. E pode-se afirmar isto mesmo levando-se em conta o caso do livro *Eichmann em Jerusalém*, que teve sua repercussão em Israel mitigada e demarcada em termos de estrita hostilidade. O Estado de Israel assumiu decisivamente seu protagonismo como salvaguarda do significado contínuo da história judaica, protetor da honra e do orgulho do povo judeu e guardião do seu futuro. Esse protagonismo era doravante legitimado pelas "lições do Holocausto", a indicar a necessidade de um Estado soberano e militarmente forte[508]. O julgamento foi ainda um evento formador da vinculação dos jovens judeus ao judaísmo e a um Estado judeu forte e necessário em um mundo em que todos estariam contra os judeus.

Em 1966, Hausner publicou *Justice in Jerusalem: the trial of Adolf Eichmann*, um livro de pouco mais de quinhentas páginas no qual apresenta sua percepção de todo o julgamento e de suas consequências. Ele reverberou de modo reiterado, mas subterrâneo, a controvérsia gerada por *Eichmann em Jerusalém*, mencionando a obra de Arendt uma única vez, em uma nota de rodapé ao final do livro, pontuando que a obra foi contestada por vários resenhistas e principalmente pela obra de refutação de Jacob Robinson – *And the crooked shall be made straight: The Eichmann Trial, the Jewish catastrophe, and Hannah Arendt's narrative* (1965)[509]. O último capítulo do livro de Hausner foi dedicado a reflexões gerais sobre o julgamento, três anos após sua conclusão. Para ele, o primeiro resultado do julgamento foi compelir o mundo a lidar com o extermínio sistemático inclusive de crianças, tornando real por meio de testemunhos o horror dos eventos documentados, até então apenas como fatos estatísticos. Para Hausner, o veredito foi "amplamente aclamado e aceito pela opinião pública" porque o princípio da responsabilidade pessoal foi pronunciado por um "tribunal competente e universalmente aceito"[510], que teria

---

[507] Ibid., p. 251.
[508] Ibid., pp. 251-252.
[509] HAUSNER, *Justice in Jerusalem*, p. 465.
[510] Ibid., p. 448.

evidenciado que uma ordem criminosa não é uma desculpa para que alguém possa evadir de sua responsabilidade pessoal por seus feitos.

Para ele, teria sido decisivo o fato de o indivíduo em julgamento ter sido um executivo operacional da Solução Final – distintamente da imagem construída inicialmente pela própria acusação de que ele era tão responsável quanto Hitler pela concepção da Solução Final: "os executores, os homens responsáveis pela perpetração de atos terríveis não são menos perigosos – na verdade, muitas vezes são mais – que os homens que desenvolvem as ideias, que fazem os planos e dão as ordens"[511]. Em vista disso, para ele, "na literatura geral e jurídica, Eichmann está se tornando mais que um nome, está se transformando em um conceito que designa o tipo de malfeitor que segue alegremente um líder e executa suas ordens com zelo redobrado", e "só por isto o julgamento já prestou um serviço à humanidade (*humanity*)"[512]. Uma repercussão indireta teria sido precisamente a indicação da omissão do "mundo livre" ante o genocídio dos judeus, do qual tinham conhecimento suficiente bem antes do fim da guerra. Essa culpa moral pôde ajudar a fortalecer a compreensão de que deve-se impedir que "os árabes completem, ao atacar Israel, o que Hitler começou"[513].

Hausner destacou o impacto do julgamento no reconhecimento da responsabilidade moral da Igreja Católica, mencionando inclusive a peça *O vigário*, de Hochhuth, sobre a omissão católica, notadamente do Papa Pio XII, com relação ao extermínio dos judeus. Mencionou ainda a repercussão na Alemanha, onde teria colaborado para adiar os prazos de prescrição dos crimes dos nazistas e para levá-los a julgamento, embora "os mais recentes julgamentos de crimes de guerra, muitos deles estimulados pelo julgamento de Eichmann, frequentemente *não estão à altura de suas possibilidades educacionais*"[514].

---

[511] Ibid.
[512] Ibid.
[513] Ibid., p. 449.
[514] Ibid., p. 451, grifos meus. Cf. YABLONKA, *The state of Israel vs. Adolf Eichmann*, p. 237.

O julgamento de Eichmann, pelo contrário, "mostrou-se um forte fator educacional no fortalecimento da consciência judaica"[515]. Jacob Robinson considerou entre os "subprodutos metajurídicos" do julgamento, como efeitos colaterais presumidamente inevitáveis de tribunais como os de Nuremberg e Jerusalém, precisamente "a educação em massa dos cidadãos do Estado de Israel na história da horrenda catástrofe que se abateu sobre o povo judeu"[516], tornando-se uma espécie de "catarse para os adultos e uma revelação para os jovens"([517]). Esses subprodutos seriam laterais, mas não contraditórios em relação ao propósito imediato de "fazer justiça". A consciência judaica veio acompanhada da constatação de que o julgamento só foi possível porque há um Estado judeu a assegurar a continuidade da existência judaica e a permitir que os judeus decidam o que é melhor para eles. A consciência alargou-se para a percepção de que "os judeus haviam sobrevivido a seu mais perigoso inimigo"[518], o que reforçaria a confiança de superar os inimigos do presente.

Hanna Yablonka observou que de fato a influência do julgamento foi ampla e seu caráter premeditado, mas que isso não poderia ser tributado apenas a Hausner (por cuja boca falaria Ben Gurion), pois havia numerosas pessoas trabalhando nos bastidores e interferindo diretamente na condução da promotoria, da polícia à política (tendo sido a polícia em geral mais cautelosa que a política). Não deveria ser subestimada ainda a influência de várias organizações de sobreviventes, que ajudaram a ampliar o alcance do julgamento trazendo para testemunhar os sobreviventes que acabaram por se tornar o seu símbolo. Condenar Eichmann e fazer justiça era apenas um dos objetivos do julgamento, a ponto de Ben Gurion ter declarado não se importar com o veredicto que viesse a ser declarado no caso de Eichmann[519].

---

[515] HAUSNER, *Justice in Jerusalem*, p. 453.
[516] ROBINSON, *And the crooked shall be made straight*, p. 136.
[517] Ibid., p. 137.
[518] HAUSNER, *Justice in Jerusalem*, p. 454.
[519] Cf. ARENDT, *Eichmann em Jerusalém*, p. 31 e 275.

EPÍLOGO

Tratava-se de um ambicioso projeto de longo prazo: o de tornar a catástrofe do extermínio um aspecto central da identidade nacional em Israel, um evento conformador da história do jovem país, cujo impacto se faria sentir até os dias de hoje. O impacto do evento e a exploração bem sucedida de suas "possibilidades educacionais" não podem ser minimizados:

> uma das consequências deste processo foi que, após o julgamento, muitos jovens israelenses foram instilados com um forte sentimento de que os judeus estão cercados por um mundo hostil(...). Como resultado da retórica do julgamento, todos os conflitos nacionais foram, e ainda são, em grande parte interpretados em relação ao Holocausto como a maior de todas as catástrofes judaicas. *De fato, tendo o Holocausto como pano de fundo, todos os conflitos são percebidos como profundamente existenciais, um fato que cria um obstáculo talvez intransponível à sua resolução*[520].

Arendt, que se engajou no sionismo no início dos anos 1930, como uma forma de resistência ativa ao nazismo, e se afastou dele em meados dos anos 1940, foi uma opositora pertinaz da constituição do Estado de Israel sobre a base do nacionalismo que desejava não apenas uma pátria – que poderia abrigar um Estado binacional árabe-judeu, como queriam ela, Buber e Judah Magnes, dentre outros –, mas um Estado-nação, com todas as suas implicações quanto à uniformidade racial e cultural (além de religiosa, no caso). Como bem observou Judith Butler,

> embora fosse judia, ela defendia que Israel *não* devia ser um Estado judaico e achava que os esforços do Estado para legitimar suas reivindicações à terra por meio da violência eram formas racistas de colonização que só podiam ter como resultado o conflito permanente[521].

---

[520] YABLONKA, "Preparing the Eichmann Trial: who really did the job?", pp. 23 e 24, grifos meus.
[521] BUTLER, *Caminhos divergentes: judaicidade e crítica do sionismo*, p. 44, grifos no original.

Mais ainda:

a homogeneidade à qual Arendt se opunha era a que cabia ao Estado-nação, a unidade e a uniformidade da nação, que, para ela, não poderia ser a base de nenhum Estado. Arendt afirmava duas coisas básicas a esse respeito. A primeira é que qualquer Estado fundado na ideia homogênea de nação está fadado a expulsar quem não pertence à nação e, assim, reproduzir a relação estrutural entre Estado-nação e a produção de pessoas apátridas. A segunda é que, para ter legitimidade, todo Estado tem de aceitar e proteger a heterogeneidade de sua população, o que ela chamou de pluralidade[522].

O caso Eichmann conferiu chancela moral ao projeto nacional de Israel, como Estado-nação homogêneo com relações pouco demarcadas com a religião judaica, por sua vinculação do "Holocausto" como evento fundador. Doravante, o espírito político subjacente ao julgamento em Jerusalém, este que deu voz às vítimas do domínio nazista, estava paradoxalmente fortalecido na tarefa de afirmar Israel na comunidade dos povos soberanos, fadado a reproduzir sobre os palestinos não judeus parte da opressão de que os sobreviventes foram vítimas. O "nós" que a consciência pública do extermínio forjou por meio do julgamento de Eichmann engendrou necessariamente vários "eles", notadamente os árabes, que a promotoria tratou de assimilar a Hitler já ao longo do julgamento[523].

O maior impacto do julgamento de Eichmann fora de Israel se deu certamente na Alemanha, embora também tenha sido importante a repercussão nos EUA e também na Argentina. Em *Eichmann em Jerusalém*, Arendt observou que a captura de Eichmann fez com que a Alemanha se empenhasse seriamente pela primeira vez em levar a julgamento os diretamente envolvidos no extermínio. A Alemanha Ocidental empenhou-se em afastar do judiciário os numerosos antigos

---

[522] Ibid., p. 104.
[523] YABLONKA, "Preparing the Eichmann Trial: who really did the job?", pp. 20-22; HAUSNER, *Justice in Jerusalem*, p. 449.

nazistas e demonstrou então um zelo inédito na procura e na acusação de criminosos nazistas no país. Vários processos foram abertos a partir de descobertas da Agência Central de Investigação de Crimes Nazistas, fundada apenas em 1958 na Alemanha Ocidental, de modo a que numerosos membros do "Comando Eichmann" foram presos e os jornais alemães noticiaram copiosamente os julgamentos de assassinos em massa nazistas. Não obstante, "a relutância das cortes locais em processar esses crimes só se revelou nas sentenças fantasticamente brandas impostas aos acusados"[524]. Acabou ficando claro que os alemães não se importavam com esses criminosos à solta no país e nem mesmo que ocupassem posições elevadas no âmbito público, e isso possivelmente explica o fato de as tentativas de Fritz Bauer de extraditar Eichmann mal terem saído do lugar.

Conforme revelaram inclusive os documentos tornados públicos recentemente (2006), a CIA, nos EUA, não soube com antecedência da operação do Mossad para capturar Eichmann. Após a surpresa com a notícia de que ele estava em Israel, o diretor da CIA solicitou a seus agentes que tinham contato com o serviço de inteligência de Israel todos os detalhes possíveis da operação, manifestando ao mesmo tempo o desejo de auxiliar no que fosse possível. Esse forte interesse nos desdobramentos não era desmotivado: havia uma intensa preocupação de que o julgamento de Eichmann pudesse vir a expor que vários antigos pares nazistas dele, alguns deles seus colaboradores diretos, foram contratados como agentes com a finalidade de coletar informações sobre a União Soviética – independentemente de seu passado nazista, de estarem envolvidos em crimes de guerra ou mesmo de estarem diretamente implicados no extermínio[525].

O governo da Alemanha Ocidental, por sua vez, temia antes de tudo que Hans Globke, conselheiro de segurança nacional do primeiro-ministro Konrad Adenauer, que havia trabalhado diretamente com

---

[524] ARENDT, *Eichmann em Jerusalém*, p. 24. Cf. ARENDT, "Auschwitz em julgamento", p. 298.
[525] NAFTALI, "The CIA and Eichmann's Associates", p. 364.

Eichmann, fosse exposto. Ele desempenhou um papel central na interpretação das Leis de Nuremberg, que destituía os judeus da cidadania e de direitos civis e proibia casamentos mistos, dentre outras medidas. Por solicitação do governo da Alemanha Ocidental, a CIA chegou a pressionar a revista *Life*, com sucesso, para que excluísse qualquer referência a Globke nas memórias de Eichmann que a revista publicaria no final de 1960, a partir de extratos das entrevistas dele com William Sassen na Argentina[526].

Globke apresentava-se, em sua defesa, como um funcionário público de carreira que teria permanecido em seu posto com a ascensão do nazismo para buscar "'mitigar' as coisas e impedir que os 'nazistas de verdade' se apoderassem de seus postos" – mas, observa Arendt, ele redigiu um Comentário às Leis de Nuremberg, em 1935, bastante "mais áspero que a interpretação anterior da *Rassenschande* pelo perito em assuntos judaicos do Ministério do Interior, dr. Bernhardt Lösener, velho membro do Partido, e por isso pode-se até acusar Globke de ter tornado as coisas piores do que eram com os 'nazistas de verdade'"[527]. Globke foi efetivamente mencionado por Eichmann no julgamento e acabou sendo exonerado por Adenauer, mas não passou disso.

Principalmente na Argentina e na Alemanha, houve grande alarido entre os nazistas que lá viviam, até então sem maiores perturbações, muitas vezes em posições social e politicamente destacadas. Cerca de dois meses antes de Eichmann ser raptado, Konrad Adenauer e David Ben Gurion se encontraram pela primeira vez, em 14 de março de 1960, em Nova York, e uma das preocupações de fundo era justamente a onda de antissemitismo que se avolumava na Alemanha Ocidental desde o natal de 1959, com o aparecimento de suásticas nas sinagogas, destruição de cemitérios judeus e pichações por toda a parte, levando inclusive a uma mudança do currículo escolar promovida pelo governo federal[528].

---

[526] STANGNETH, *Eichmann before Jerusalem*, p. 380.
[527] ARENDT, *Eichmann em Jerusalém*, pp. 144 e 145.
[528] STANGNETH, *Eichmann before Jerusalem*, p. 349.

EPÍLOGO

Em 1966, Arendt escreveu um longo prefácio para o livro reportagem *Auschwitz*, de Bernd Naumann, sobre os julgamentos em Frankfurt dos "casos intoleráveis" de criminosos nazistas que atuaram diretamente em Auschwitz, acusados de "assassinato e cumplicidade no assassinato de indivíduos" e "assassinato em massa e cumplicidade no assassinato em massa". Arendt observou que se tratavam de "dois crimes completamente diferentes" que tiveram a linha distintiva entre eles borrada pela decisão do tribunal de aplicar o código penal alemão de 1871, ignorando que nesse código "de mais de cem anos não havia artigo algum que cobrisse o assassinato organizado como uma instituição governamental"[529], isto é, os "massacres administrativos numa escala gigantesca, cometidos com os meios de produção em massa – a produção em massa de cadáveres"[530].

Para Arendt, os julgamentos de Nuremberg, de Eichmann em Jerusalém e de Auschwitz em Frankfurt penaram para enfrentar as dificuldades morais e legais no caminho para o estabelecimento das responsabilidades e da culpa criminal. Foram julgados em Frankfurt não os assassinos burocratas, mas os numerosos crimes individuais horrendos daqueles que conseguiam "se divertir" e viver uma "vida normal" em Auschwitz[531], crimes não cobertos por ordens superiores dos assassinos burocratas. Esses indivíduos subalternos se viam injustiçados precisamente porque os superiores, cujos crimes haviam prescrito (o único que não havia prescrito na ocasião dos julgamentos em Frankfurt era o de assassinato), levavam vidas imperturbadas em posições confortáveis na sociedade e no governo alemão. Como observa Arendt,

> a opinião pública e jurídica desde o início inclinou-se a considerar que os assassinos burocratas – cujos instrumentos eram máquinas de escrever, telefones e teletipos – eram mais culpados do que aqueles que realmente

---

[529] ARENDT, "Auschwitz em Julgamento", p. 311.
[530] Ibid., pp. 312-313.
[531] Ibid., p. 316.

operavam a maquinaria de extermínio, lançavam as cápsulas de gás nas câmaras, manipulavam as metralhadoras para o massacre de civis, ou estavam ocupados com a cremação de montanhas de cadáveres[532].

Para Arendt, considerando o engajamento destes criminosos que se sentiam em casa em Auschwitz, pode-se dizer que eles certamente não eram os principais criminosos de guerra que foram julgados em Nuremberg, mas

> os parasitas dos "grandes" criminosos, e quando os vemos começamos a nos perguntar se não eram piores do que aqueles a quem hoje acusam de ter causado as suas desgraças. [Os nazistas], com suas mentiras, tinham elevado a escória da terra à elite do povo[533].

Mas nem os detalhes mais horrendos trazidos à baila pelo julgamento em Frankfurt, "a exposição durante vinte meses aos monstruosos feitos e ao comportamento agressivo e grotescamente não arrependido dos réus, que mais de uma vez conseguiram transformar o julgamento numa farsa", teriam alterado o fato de que *"a maioria do povo alemão não quer realizar mais julgamentos contra os criminosos nazistas"*[534] e queria deixar seus assassinos em paz[535].

---

[532] Ibid., p. 310.
[533] Ibid., p. 323.
[534] Ibid., pp. 296 e 295-296.
[535] "A atitude do povo alemão quanto a seu próprio passado, sobre a qual os especialistas na questão alemã haviam se debruçado durante quinze anos, não poderia ter sido demonstrada com mais clareza: as pessoas não se importavam com o rumo dos acontecimentos e não se incomodavam com a presença de assassinos à solta no país, uma vez que nenhuma delas iria cometer assassinato por sua própria vontade; no entanto, se a opinião pública mundial – ou melhor, aquilo que os alemães chamavam *das Ausland,* reunindo todos os países estrangeiros num único substantivo – teimava e exigia que aqueles indivíduos fossem punidos, estavam inteiramente dispostas a agir, pelo menos até certo ponto" (ARENDT, *Eichmann em Jerusalém*, p. 27).

EPÍLOGO

Em Roma, o alvoroço com a abdução de Eichmann também foi considerável. Diplomatas do Vaticano buscaram convencer vários países membros das Nações Unidas a defender a devolução de Eichmann à Argentina, argumentando que os líderes nazistas não deveriam ser julgados, pois desempenharam um ativo papel na "defesa do Ocidente contra o comunismo" e que naquele momento o mais importante era manter unidas todas as forças anticomunistas. Claro que também subjazia a esse empenho a preocupação com vir à tona a colaboração direta da Igreja Católica na fuga de milhares de nazistas[536]. Na Argentina, os amigos mais próximos de Eichmann buscaram se desvincular dele o mais rápido possível, mas o cardeal Antonio Caggiano, uma das figuras proeminentes na organização da rota de fuga que levou numerosos nazistas à Argentina, saiu publicamente em sua defesa: "ele havia chegado à nossa pátria em busca de perdão e esquecimento. Não importa como se chama, se Ricardo Klement ou Adolf Eichmann, nossa obrigação de cristãos é perdoar o que fez"[537].

Infelizmente, todo o alvoroço não se traduziu em uma efetiva responsabilização desses diversos atores, dos providenciadores de documentos falsos para notórios nazistas àqueles que atuaram diretamente nos campos de extermínio e nos grupos de extermínio do Leste.

No Brasil, o julgamento teve alguma repercussão nos veículos de comunicação e o repórter Zevi Ghivelder cobriu o julgamento durante seis semanas para a revista *Manchete*[538]. O sobrevivente romeno Sammy Pulver publicou em 1961 o livro depoimento *Sob o tacão de Eichmann*, que mencionamos no quarto capítulo, e o procurador César Salgado escreveu em 1962 o influente artigo "O Caso Eichmann, à luz da moral e do direito". Desde a publicação de *Eichmann em*

---

[536] STANGNETH, *Eichmann before Jerusalem*, p. 355.
[537] GOÑI, *A verdadeira Odessa: o contrabando de nazistas para a Argentina de Perón*, p. 328.
[538] Cf. https://www.conib.org.br/noticias-conib/icone-do-jornalismo-zevi-ghivelder-conta-como-foi-cobrir-a-guerra-de-yom-kipur-e-o-julgamento-do-nazista-adolf-eichmann.html?category_id=3014

Jerusalém em português, no início dos anos 1980, a repercussão do caso é persistente. Houve também grande alarido entre os numerosos nazistas que viviam no Brasil, tanto pelo rapto de Eichmann, quanto pelo posterior julgamento. O impacto possivelmente mais significativo do julgamento de Eichmann foi sobre o Caso Stangl, em 1967, relativo ao processo de extradição de Franz Stangl, ex-comandante dos campos de Treblinka e Sobibor, na Polônia, que fugiu para o Brasil e trabalhou por oito anos na Volkswagen em São Bernardo do Campo, onde montou um esquema de espionagem dos funcionários da empresa em colaboração com a Ditadura Militar brasileira.

Stangl viveu no Brasil de 1951 a 1967, quando foi preso graças à iniciativa de Simon Wiesenthal e extraditado para a Alemanha, sendo o caso de sua extradição considerado o mais importante da história extradicional brasileira[539]. Em seu voto favorável à extradição, o ministro do STF Victor Nunes Leal lembrou que o Brasil ratificou a Convenção sobre o Genocídio, de 1948, e considerou que a materialidade da participação do acusado no crime de genocídio estava devidamente comprovada no processo. Ele recorreu à caracterização da Conferência de Wannsee no Caso Eichmann para indicar o caráter deliberado do extermínio e à alta graduação de Stangl na hierarquia nazista para argumentar que ele tinha plena consciência da lei alemã sobre homicídio. Ele, como outros nazistas, teria manifestado consciência da ilegalidade de seus atos ao buscar ocultá-los da vista do público e isso era importante para que o ministro destacasse em seu voto o elemento subjetivo da culpa (*mens rea*):

> admitindo-se, com a melhor doutrina, que o conhecimento da ilegalidade do ato, ou a possibilidade desse conhecimento, é essencial para a integração do elemento subjetivo do crime, ele deve ser presumido em certos casos[540].

---

[539] LAFER, *Direitos humanos: um percurso no direito no século XXI*, vol. 1, p. 186. Devo a uma conversa com o Prof. Celso Lafer a lembrança deste caso.

[540] ALMEIDA, *Memória jurisprudenial: Ministro Victor Nunes*, pp. 304-305.

EPÍLOGO

Em 2012 – por ocasião dos 50 anos do encerramento do Caso Eichmann, marcado pela recusa da Suprema Corte à apelação de Eichmann contra a sentença de morte –, a Anistia Internacional lançou um documento intitulado *O julgamento de Eichmann pela Suprema Corte: 50 anos depois, seu significado hoje*. A conclusão principal apresentada no documento é a de que o julgamento foi decisivo para reforçar a compreensão internacional de que em crimes contra a humanidade, como o genocídio, os tribunais nacionais podem apelar para a jurisdição universal em crimes sob o direito internacional. Com efeito, reforça o texto, tem ficado cada vez mais claro que "os tribunais nacionais permanecerão os principais agentes de aplicação do direito penal internacional, inclusive através do exercício de jurisdição universal"[541]. Arendt sustentou um juízo bastante diverso, considerando que a sentença da Corte de Apelação era notavelmente inferior à da Corte Distrital. Para ela, houve na verdade uma revisão do julgamento original, na qual se teria cedido à retórica da acusação de que Eichmann "era seu próprio superior" e era movido por um "zelo fanático e uma insaciável sede de sangue"[542], fracassando completamente, para ela, na compreensão da natureza dos crimes de Eichmann e do criminoso que ele era. Inflar o papel de Eichmann e dizer que ele atuava até independente de Hitler poderia implicar em pagar o preço de fazer parecer, mais uma vez, que executar Eichmann era um acerto de contas com todo o ocorrido[543]. Além de ser falsa pretensão, teve efeitos colaterais deletérios. O documento da Anistia Internacional destaca a importância do julgamento principalmente no que diz respeito à consolidação da jurisdição universal sobre crimes

---

[541] Amnesty International, "Eichmann Supreme Court judgment – 50 years on, its significance today", p. 21.

[542] ARENDT, *Eichmann em Jerusalém*, p. 271.

[543] Yosal Rogat observa ainda que "independentemente de quanto o julgamento enfatize e engrandeça sua dignidade, ele é insignificante demais para simbolizar retribuição ou compensação. Atribuir-lhe tal papel banalizaria as mortes dos judeus europeus" (ROGAT, *The Eichmann trial and the rule of law*, pp. 11-12).

contra a humanidade e a rejeição da desculpa criminal por meio do recurso ao argumento da obediência a ordens superiores. Como traços do julgamento que não teriam resistido ao teste do tempo como precedentes são mencionados no documento o rapto e a própria pena de morte.

Para William Schabas, embora se possa reconhecer várias dificuldades no julgamento, isso se devia à própria natureza e às circunstâncias do que estava sendo julgado, de modo que as críticas de Arendt teriam sido demasiado duras[544]. Para ele, vários aspectos inéditos do julgamento deveriam ser destacados: foi o primeiro julgamento a recorrer às provisões da Convenção para a Prevenção e a Punição do crime de Genocídio, de 1948, e o primeiro a apelar para a jurisdição universal pela atrocidade dos crimes contra a humanidade; foi o primeiro a atentar para a importância da especificação do crime de genocídio frente aos demais crimes contra a humanidade; a insistência de considerar a ocorrência dos crimes contra a humanidade mesmo em tempos de paz ou guerra não declarada, tendo sido Eichmann o primeiro condenado por crimes contra a humanidade sem uma conexão formal com um conflito armado (concernente a seus atos no período de 1933 a 1939). Embora tenha apontado que as críticas ao julgamento à época foram profusas e direcionadas a uma multiplicidade de aspectos, conforme examinamos no segundo capítulo, Schabas insistiu que o julgamento foi decisivo como precedente para alguns dos primeiros movimentos do Tribunal Internacional Penal em Haia e que, apesar de ainda hoje haver muitas opiniões em contrário, foi um marco na história do direito internacional.

Schabas concluiu destacando que

> as circunstâncias únicas do julgamento de Eichmann exigiam decisões originais e pioneiras. Os juízes estavam operando em território desconhecido; aplicando instrumentos legais e princípios pela primeira vez; e sob

---

[544] SCHABAS, "The contribution of the Eichmann Trial to International Law", p. 668.

intenso escrutínio de advogados, jornalistas e filósofos. O trabalho deles, de modo geral, resistiu ao teste do tempo[545].

Arendt concordaria com isso, ao menos. É certo ainda que, em manuais de direito internacional, as críticas de Arendt e de outros são muito mais frequentemente consideradas que as eventuais virtudes ou contribuições do julgamento. Com certeza, o que mais sobreviveu ao teste do tempo, além da controvérsia em torno do julgamento, foi a conduta dos juízes, algo que pode constituir certamente um exemplo inspirador, mas não propriamente um precedente – ainda que tenha validade exemplar o fato de não terem se recusado a julgar sem o amparo de uma tradição e terem buscado fundamentações adequadas para a lei controversa sob a qual tiveram de atuar. Um dos aspectos exemplares dessa capacidade de julgar foi justamente a ênfase sobre o fato de que em um crime que só pode ser cometido coletivamente, todos os diretamente envolvidos, mesmo em uma estrutura burocrática, devem ser criminalmente inculpados na medida de suas responsabilidades, em vez de absolvidos como decorrência da alegação de que o caráter coletivo do crime não permitiria identificar perpetradores individuais[546]. Arendt deixou isso claro em um breve texto de 1968, intitulado "Responsabilidade coletiva":

> os padrões legais e morais têm algo muito importante em comum: eles sempre se referem à pessoa e ao que a pessoa fez; se a pessoa está por acaso envolvida num empreendimento comum, como no caso do crime organizado, o que deve ser julgado é ainda essa mesma pessoa, o grau da sua participação, seu papel específico e assim por diante, e não o grupo. O fato de ser membro só desempenha um papel na medida em que torna mais provável o fato de ela ter cometido um crime; e isso, em princípio, não é diferente de má reputação ou de ter uma ficha criminal. Se o réu

---

[545] Ibid., p. 699.
[546] BILSKY, "The Eichmann Trial: towards a jurisprudence of eyewitness testimony of atrocities", p. 11.

era membro da máfia, membro das SS ou de alguma outra organização criminosa ou política, assegurando-nos ter sido mero dente na engrenagem, que agia apenas por ordens superiores e fazia o que qualquer outro teria igualmente feito, no momento em que ele aparece num Tribunal de Justiça, ele aparece como uma pessoa e é julgado de acordo com o que fez. *Cabe à grandeza dos procedimentos do tribunal que até um dente de engrenagem possa se tornar uma pessoa de novo*[547].

Quando lhe foi dado falar, após ouvir sua condenação na seção 120, Eichmann realizou uma de suas falas mais longas no julgamento. Ele afirmou que o veredicto da corte era severo e que suas expectativas de justiça haviam sido frustradas. Disse que compreendia que o horrendo crime cometido contra os judeus não podia ficar sem punição, mas que teve "o azar de estar envolvido nessas atrocidades", que foram cometidas contra a sua vontade. Os líderes políticos – e ele não seria um deles – eram quem deveria responder pelos assassinatos em massa. Esses líderes abusaram de sua obediência, amplamente louvada como virtude, e ele, como subordinado, era também uma vítima ("*Ich bin ein solcher Opfer*") e isso não deveria ser desconsiderado[548]. Ele pediu perdão aos judeus e concluiu: "não sou o monstro (*Unmensch*) que me fazem parecer, sou a vítima de uma falácia (*Fehlschlusses*)"[549].

Eichmann parecia de fato acreditar que sua responsabilidade deveria ser mitigada por ter obedecido em vez de ter agido por motivos torpes, sem aparentemente se dar conta de que obediência e motivação eram precisamente dois dos mais problemáticos aspectos levantados pelo julgamento. Em seu pedido por clemência ao presidente de Israel, após ter sua apelação contra a condenação rejeitada pela Suprema Corte, ele insistiu que não era um dos líderes – que

---

[547] ARENDT, "Responsabilidade coletiva", p. 215, grifos meus.

[548] "Trial, Minutes of sessions-German, Nos. 120-121", p. 16 (In. *Hannah Arendt Papers*).

[549] Ibid., p. 18 (In. *Hannah Arendt Papers*). Cf. ARENDT, *Eichmann em Jerusalém*, pp. 269-270.

deveriam de fato ser punidos pelas atrocidades cometidas contra os judeus – e que apenas cumpria ordens:

> acredito que deve ser traçada uma linha divisória entre os líderes responsáveis e pessoas como eu, que eram coagidos pelos líderes a servir meramente como um instrumento. Eu não era um líder e, em vista disto, não sinto qualquer culpa[550].

Um dos primeiros textos publicados por Arendt após a queda do regime nazista foi "Culpa organizada e responsabilidade universal", de 1945, na revista *Jewish Frontier*. No mesmo ano, o texto apareceu em coletânea dos dez últimos anos da revista sob o título "Culpa alemã". No texto, Arendt reproduziu um diálogo, "digno da imaginação e criatividade de um grande poeta", que em grande medida lembra esse espanto de Eichmann:

> P.: Vocês matavam gente no campo? R.: Sim.
> P.: Vocês usavam gás para envenená-las? R.: Sim.
> P.: Vocês as enterravam vivas? R.: Aconteceu algumas vezes.
> P.: Você pessoalmente ajudou a matar alguém? R.: De jeito nenhum. Eu era só o funcionário que fazia os pagamentos no campo.
> P.: O que você achava do que estava acontecendo? R.: No começo foi ruim, mas depois a gente se acostumou.
> P.: Você sabe que os russos vão enforca-lo? R.: (explodindo em lágrimas) Por que fariam isso? *O que eu fiz?* (12 de novembro de 1944)[551].

Uma das principais preocupações de Arendt era então combater a ideia de uma "culpa coletiva de todo o povo alemão"[552]. Nesse sentido,

---

[550] Citado em YABLONKA, *The State of Israel vs. Adolf Eichmann*, p. 152.
[551] ARENDT, "Culpa organizada e responsabilidade universal", p. 156, grifos no original. "De fato, ele não tinha feito nada. Não fizera mais que executar ordens, e desde quando executar ordens é crime? Desde quando se rebelar é uma virtude?" (Ibid.).
[552] Ibid., p. 153.

ela observa que se os Aliados parassem de distinguir entre alemães e nazistas estariam concedendo uma vitória aos nazistas, pois foi justamente quando anteviu a derrota que a liderança nazista começou a envolver diretamente as forças armadas no extermínio e a divulgar para todo o povo alemão estas atividades até então realizadas em sigilo pela SS e a Gestapo, de modo a implicá-lo e em grande medida forçar sua cumplicidade.

O verdadeiro problema, insistiu Arendt, consistia precisamente em saber como lidar com um povo no qual os limites entre culpados, inocentes e criminosos foram borrados, de modo que alguns foram tornados culpados sem ter a menor responsabilidade e outros distribuem responsabilidades para os demais sem reconhecer qualquer culpa própria. Muitos foram os que apoiaram Hitler e se tornaram cúmplices e auxiliares do nazismo por sua incapacidade de julgar, mas o que realmente provoca horror é o envolvimento de quase todo um povo na "imensa máquina de assassinato administrativo em massa". Com efeito,

> assim como não existe solução política alguma dentro das capacidades humanas para o crime do assassinato administrativo em massa, da mesma forma a necessidade humana de justiça não consegue encontrar responsabilidade satisfatória alguma para a mobilização total de um povo para aquela finalidade. Onde todos são culpados, em última análise ninguém pode ser julgado. Pois essa culpa não vem acompanhada sequer pela mera aparência, pela mera simulação de responsabilidade[553].

Mais que focar sua atenção sobre algo como o "caráter nacional alemão", Arendt julgava decisiva para compreender o nazismo a constatação de que prevalecia na Alemanha a falta de experiência democrática e o cultivo de um ambiente favorável aos cálculos privados do indivíduo de massa moderno, devotado antes de tudo à segurança de seu espaço privado. No desespero econômico do período

---

[553] Ibid., p. 155.

EPÍLOGO

entreguerras, apresentou-se para ele como uma opção atuar como engrenagem na máquina de assassinato em massa. Não obstante, Arendt enfatizava que a

> transformação do pai de família, de membro responsável da sociedade, interessado em todos os assuntos públicos, em "burguês" interessado apenas em sua existência privada, ignorando qualquer virtude cívica, constitui um fenômeno internacional de nossa época[554].

François Bondy observou, referindo-se ao nazismo, que

> o sombrio fato central sobre este passado foi que milhares de profissionais eram zelosa e conscientemente empregados na caça, captura e matança de seres humanos. Adequado *"Menschenmaterial"* ("material humano") – para usar corretamente por uma vez uma expressão popular nazista – havia em abundância naquela época na Alemanha e na Áustria; mas me pergunto se realmente existe alguém que subscreva a teoria de que não poderia ser encontrado em quantidade suficiente em todos os países do mundo, dadas certas condições...[555]

Este foi um dos primeiros temas sobre os quais Arendt e Jaspers conversaram assim que puderam retomar, ainda em 1945, o contato epistolar interrompido pelo nazismo. Pouco após a publicação do texto de Arendt sobre a culpa organizada, Jaspers, que providenciou a publicação da versão em alemão do texto, lançou seu livro *Die Schuldfrage*, sobre a questão da culpa alemã – cuja edição nos EUA, intitulada *The question of German guilt*, fora publicada em grande medida pelo empenho de Arendt. Ele se reportou a ela no livro precisamente quando observou que ela teria pioneiramente chamado atenção para o fato de que a participação e a cumplicidade dos alemães nos crimes nazistas seria uma decorrência do terror organizado, que

---

[554] Ibid., p. 158.
[555] BONDY, "On misunderstanding Eichmann", p. 41.

canalizou o senso de dever dos trabalhadores em suas vidas privadas para a tarefa do extermínio[556].

Embora sem se referir diretamente a Arendt, Jaspers também discutiu a noção de culpa coletiva e observou que "o julgamento por meio da categoria povo é sempre uma injustiça; pressupõe uma falsa substancialização – resulta na degradação do ser humano como indivíduo"[557]. Assim, não pode haver culpa coletiva de um povo ou de um grupo em meio a um povo, apenas responsabilidade política comum. Não obstante isto, a assunção da dessa responsabilidade pelos alemães, por exemplo, não implicaria considerar como corresponsáveis ou criminalmente culpados os que não colaboraram diretamente no cometimento dos crimes perpetrados pelos nazistas – como os que colaboraram diretamente de fato o são[558].

Em sua citação de Yosal Rogat, pouco antes de sua sentença alternativa ao final de *Eichmann em Jerusalém*, que discutimos no terceiro capítulo, Arendt buscou destacar o caráter problemático da centralidade da noção de *mens rea* no caso de crimes como o de Eichmann e a importância de compreender crimes em que está no centro antes a comunidade que a vítima diretamente ofendida. No julgamento em Jerusalém, o esforço da promotoria por figurar Eichmann como um monstro ou mesmo como alguém patologicamente pervertido pela ideologia, notadamente o antissemitismo, em suas iniciativas para levar a cabo ativamente o extermínio dos judeus, ainda refletiria a convicção dos "modernos sistemas legais" de que para haver crime é necessário haver a intenção de causar dano, o que permitiria divisar com clareza o certo e o errado. Todavia, a sentença com a pena de morte refletiria, para Arendt, a compreensão de que, em seu propósito de eliminar certas "raças", ele teria violado a própria comunidade da humanidade. Para Arendt, "o maior risco político de um julgamento de Eichmann na Alemanha teria sido a absolvição por falta de

---

[556] Cf. JASPERS, *A questão da culpa*, p. 77 (original, p. 61).
[557] Ibid., p. 33 (original, p. 29).
[558] Cf. Ibid., pp. 67-74 (original pp. 53-59).

EPÍLOGO

mens rea"⁵⁵⁹, embora certamente ele contribuiria para os alemães enfrentarem sua própria responsabilidade com relação aos feitos em questão⁵⁶⁰. A rejeição da noção de *mens rea* para a punição de crimes como o de Eichmann – certamente não para todos os demais crimes – foi decisiva para a caracterização da banalidade do mal por Arendt.

Na época dos julgamentos de Auschwitz em Frankfurt em 1963-65, o crime de homicídio culposo já estava sujeito à prescrição, de modo que os réus só podiam ser julgados por assassinato, e em consequência de uma definição de assassinato que se referia à intenção individual não se aplicar a nenhum dos operadores mais brutais do sistema de extermínio, a maioria dos nazistas não só escapou do julgamento, eles foram integrados como cidadãos leais da República de Bonn⁵⁶¹.

Assim como houve sob o regime nazista uma inversão da dinâmica da tentação (as pessoas eram tentadas a fazer o bem, mas haviam aprendido a resistir à tentação⁵⁶²), também a própria relação entre lei e crime foi subvertida. Arendt observou que, em Jerusalém, Eichmann tentou explicar que a palavra de Hitler tinha força de lei e "toda ordem contrária em letra ou espírito à palavra falada por Hitler era, por definição, ilegal"⁵⁶³. Quando Himmler ordenou que

---

⁵⁵⁹ ARENDT, *Eichmann em Jerusalém*, p. 28. As disposições relevantes na definição do homicídio culposo e do assassinato no Direito Penal Alemão "descreviam a criminalidade relevante em termos puramente individuais. O assassinato, sob a interpretação do *Bundesgerichtshof*, teve que ocorrer com uma 'intenção assassina' (*Mordlust*) ou 'de maneira maliciosa e brutal' de uma maneira que não conseguia entender completamente o tipo de ação de escrivaninha que a maioria dos nazistas consistia a criminalidade e em que os indivíduos poderiam (com razão) acreditar-se totalmente substituíveis se não realizassem suas tarefas de acordo com as regras que eram criminosas" (KOSKENNIEMI, *The politics of international law*, p. 181).

⁵⁶⁰ ROGAT, *The Eichmann trial and the rule of law*, p. 15.
⁵⁶¹ KOSKENNIEMI, *The politics of international law*, p. 181.
⁵⁶² ARENDT, *Eichmann em Jerusalém*, p. 167.
⁵⁶³ Ibid., p. 165.

fosse interrompido o extermínio nos campos, Eichmann solicitou uma ordem escrita precisamente por saber que as ordens de Himmler contrariavam a lei de Hitler. Não se tratava, portanto, de supor uma intencionalidade criminosa em Eichmann, nem de esperar que desobedecesse os comandos para levar a cabo o extermínio por conflitarem com uma presumida voz de sua consciência ou por serem "manifestamente ilegais" – como aparece no *Estatuto de Roma*, que estabeleceu o Tribunal Penal Internacional em 1998, em seu artigo 33, sobre obediência a ordens superiores e as prescrições da lei[564]. Como ela esclarece no "Pós-escrito" adicionado à edição de 1964 de *Eichmann em Jerusalém*,

> devemos considerar que a relação entre exceção e regra, que é de primordial importância para reconhecer a criminalidade de uma ordem executada por um subordinado, foi invertida no caso dos atos de Eichmann. Portanto, com base nesse argumento poderíamos efetivamente defender a negativa de Eichmann a obedecer a certas ordens de Himmler, ou sua hesitação em obedecer: elas eram manifestas exceções à regra dominante[565].

Algo análogo se pode dizer sobre atos cometidos pelo apelo à *raison d'état*, como medidas emergenciais e excepcionais que justificariam atos que, em outro contexto, seriam considerados crimes: "num Estado fundado em princípios criminosos, a situação se inverte"[566]. Como ela já havia notado em *Origens do totalitarismo*, os nazistas sequer se deram ao trabalho de revogar a Constituição de Weimar ou manifestavam respeito por suas próprias leis e decretos, constituindo deliberadamente um "estado de permanente ilegalidade"[567].

---

[564] LUBAN, "Hannah Arendt as a theorist of international criminal law", p. 639.
[565] ARENDT, *Eichmann em Jerusalém*, p. 315.
[566] Ibid., p. 314.
[567] Id., *Origens do totalitarismo*, p. 444.

EPÍLOGO

A insistência durante o julgamento em apostar que a consciência de Eichmann o faria necessariamente perceber que a Solução Final seria algo manifestamente ilegal, que demandaria sua desobediência, seria mais um sinal do colapso dos padrões tradicionais de julgamento e dos conceitos jurídicos usuais ante o totalitarismo.

> As ordens eram "manifestamente ilegais"? A resposta é obviamente sim – em um ambiente normal. Mas em um sistema invertido, onde cada pessoa responsável na cadeia de comando de Eichmann apoiava entusiasticamente o assassinato em massa, e onde os recursos do Estado eram visivelmente dedicados a isso, em que sentido a ilegalidade do assassinato em massa é "manifesta"?[568]

Em um "sistema invertido", não parece fazer sentido esperar que a consciência de Eichmann ou sua estimada condição de cidadão respeitador das leis o fizessem se recusar a levar a cabo a Solução Final. Antes o contrário, ele era de fato o tipo de indivíduo "que pode implementar a morte em massa sem intenções explícitas"[569]. A dificuldade com tomar como um dever internacional de desobedecer que implicaria nacionalmente em traição, resistência e sabotagem foi apontada por Carl Schmitt, quando leu *Eichmann em Jerusalém*, como um conflito de deveres que apontaria para uma dificuldade na concepção de um direito internacional penal e para uma provável falta de equidade com o cidadão tomado individualmente[570].

Nietzsche lembrava que "por muitíssimo tempo os que julgavam e puniam não revelaram consciência de estar lidando com um 'culpado'. Mas com um causador de danos, com um irresponsável fragmento do destino"[571]. É ainda assim, em grande medida, que Édipo percebe a si mesmo em *Édipo Rei*, de Sófocles. Todavia, ele lamenta mais seu infor-

---

[568] LUBAN, "Hannah Arendt as a theorist of international criminal law", p. 639.
[569] BUTLER, "Hannah Arendt's death sentences", p. 282.
[570] SCHMITT, "Carl Schmitt über *Eichmann in Jerusalem*".
[571] NIETZSCHE, *Genealogia da moral* (II, 14), p. 71.

túnio e o azar dos que o conheceram que qualquer eventual injustiça que pudesse representar as punições que recaíram sobre ele pelos seus feitos, cuja plena natureza ele mesmo ignorava. Jamais alegaria inocência por ignorância ou pelo caráter involuntário de suas ações[572]. Eichmann, por seu turno, parecia se compreender como inocente, ao menos no sentido da acusação, ou que deveria ter sua culpa mitigada por ser um "cidadão respeitador das leis" que cumpria as leis de seu país ao obedecer a ordens para executar a Solução Final. Sua defesa foi conduzida sempre com base nessa premissa: o caráter não intencional de suas ofensas e a natureza não deliberadamente criminosa de suas motivações mitigavam significativamente sua responsabilidade.

> Os melhores esforços de Édipo para evitar seu destino podem ter mitigado sua culpa, mas não a apagaram, pois seu crime prejudicava a ordem da qual dependia a vida grega. Ora, as plateias gregas também teriam julgado Édipo, que fez todo o possível para evitar seus crimes, de forma diferente de Eichmann, que não fez. Eichmann causou uma tragédia; ele não estava em posição de ser sua vítima. Assim, Édipo é tudo menos o igual de Eichmann, mas seu exemplo nos lembra de que as consequências morais de se ter a intenção de agir de determinada maneira não são mais autoevidentes do que o conceito de intenção em si. Ambos podem mudar de forma significativa e, com eles, as maneiras como recortamos o mundo[573].

Yosal Rogat inseriu uma referência peculiar à tragédia grega na introdução de seu texto *The Eichmann Trial and the rule of law*, certamente o texto mais influente sobre as análises jurídicas de Arendt no epílogo de *Eichmann em Jerusalém*. Para ele, "Israel assimilou explicitamente o julgamento de Eichmann a uma tradição contundente que remonta pelo menos a Antígona: aquela que sustenta que propósitos mais elevados às vezes devem predominar se entrarem em conflito com

---

[572] FOUCAULT, *A verdade e as formas jurídicas*, pp. 41-42.
[573] NEIMAN, *O mal no pensamento moderno*, p. 299.

as regras formais da lei"⁵⁷⁴. Esta consideração de Rogat é estruturadora de suas numerosas críticas à condução do julgamento, examinadas no segundo capítulo. Decisivo aqui, no entanto, é o fato de, ao final de seu texto, ele ter se referido à trilogia *Oréstia*, de Ésquilo, para afirmar que foi elaborado na obra

> o tema de uma coercitiva reação em cadeia de vingança e de retaliação primitiva, de sangue exigindo mais sangue e de força que destrói tanto quem a usa como quem a sente. *É uma reação que só pára com o estabelecimento de um tribunal desapaixonado*. O mundo Ocidental nunca deixou de se preocupar com o problema central da *Oréstia*. Ele tem reagido caracteristicamente a uma profunda desordem moral tentando impor-lhe uma ordem legal. Hoje, não temos alternativa⁵⁷⁵.

Israel teria se aferrado antes à tradição de *Antígona*, e as dificuldades com a sentença alternativa de Arendt em *Eichmann em Jerusalém* permitem supor que, ao menos neste movimento final, destoando do que ela até então defendia, ela acabou por se aproximar da perspectiva da promotoria. Arendt assumiu a posição de juíza, como Atena na tragédia *Eumênides*, parte final da trilogia *Oréstia*, mas, enquanto esta apazigua as Fúrias com um julgamento desapaixonado que inocenta Orestes do assassinato de sua mãe, a posição de Arendt, estritamente em sua sentença de morte, foi ambígua quanto a seus resultados⁵⁷⁶. Sejam quais forem suas pretensões retóricas, simulando o que os

---

⁵⁷⁴ ROGAT, *The Eichmann trial and the rule of law*, p. 5.
⁵⁷⁵ Ibid., p. 44, grifos meus.
⁵⁷⁶ Butler observou que "seria estranho, se não impossível, que Arendt defendesse a barbárie, e ela a rejeitou explicitamente" e por isto se pergunta se com seu veredicto Arendt não estava "simplesmente tornando aparente uma argumentação da qual ela discorda" (BUTLER, "Hannah Arendt's death sentences", pp. 284 e 285). Arendt pareceu antes buscar reiterar em sua sentença o protagonismo da comunidade, que, no caso de um "grande crime", coincide com a humanidade (ARENDT, *Eichmann em Jerusalém*, p. 300). Não obstante, recorreu a várias imagens que fazem com que a ambiguidade pareça insolúvel.

juízes deveriam dizer a partir da sentença que proferiram ou dizendo efetivamente o que ela julgava ser a justificação mais adequada para a execução de Eichmann, sua sentença alternativa foi amplamente interpretada, não apenas por seus críticos, como uma fala própria – e talvez a acusação de falta de imaginação também pudesse recair sobre ela nesse ponto. Resta a impressão de que a sentença alternativa proposta por Arendt não foi o melhor jeito de concluir seu relato. Todavia, parece que, naquele momento – ao menos sob a precariedade dos nossos recursos para lidar com Eichmann e seus feitos, para lidar com um novo tipo de criminoso e um novo tipo de crime – isso significava para ela ousar julgar (e recorrer à imaginação, claro), tentando encontrar uma posição de tênue equilíbrio e proporção entre *Antígona* e *Oréstia*.

A referência de Rogat à trilogia *Oréstia* remete aos primórdios do direito entre os gregos, à interrupção da vingança pelo direito, uma preocupação central para Arendt, principalmente quando temos em conta "crimes que não se pode punir ou perdoar"[577]. Para esses crimes, temos de criar, não obstante, expedientes de reconciliação com o ocorrido, mesmo que precários, que podem sim passar pela punição e pelo perdão, rumo a uma vindoura comunidade política da humanidade, capaz de lidar com ofensas que se constituem como crimes contra o status humano, contra a pluralidade, e não contra uma vítima individual ou uma comunidade particular. Como observou J. Peter Euben,

> a justiça exige julgamento e não o ciclo mecânico de vingança que marcou Agamenon e ameaçou a existência da casa e da cidade. O julgamento é uma questão de equilíbrio e proporção, de evidência e reflexão, de olhar para trás e para frente. Envolve a capacidade de ver as coisas do ponto de vista do outro e, assim, aceitar a condição humana de pluralidade – e praticar o que Hannah Arendt chama de pensamento representativo ou político[578].

---

[577] ARENDT, *Origens do totalitarismo*, p. 510.
[578] EUBEN, "Justice and the Oresteia", p. 28.

EPÍLOGO

Se ainda hoje a reflexão sobre o significado de Eichmann é um horizonte de combate ao mal cometido por pessoas "terrível e assustadoramente normais"[579] que se deixam levar irrefletidamente, sem maior resistência, pelo *Zeitgeist* ou pelo mais rasteiro e irrefreável oportunismo, isto se deve em grande medida ao fato de que Arendt ousou julgar. Para Arendt, a recusa a julgar era atitude muito pior para lidar com o ineditismo dos acontecimentos e de seu personagem que o eventual exagero ou a imprecisão pontual. Ao ousar julgar, ela se atreveu a dar nome ao que pensava ser um fenômeno factual com o qual teríamos desde então de lidar, a "temível *banalidade do mal*, que desafia as palavras e os pensamentos"[580], com a qual me verei alhures, em um segundo movimento da reflexão iniciada neste livro.

---

[579] ARENDT, *Eichmann em Jerusalém*, p. 299.
[580] Ibid., p. 274.

REFERÊNCIAS

A Bíblia de Jerusalém. São Paulo: Edições Paulinas, 1996.
ALMEIDA, Fernando Dias Menezes de. *Memória jurisprudencial: Ministro Victor Nunes*. Brasília: Supremo Tribunal Federal, 2006.
AMNESTY INTERNATIONAL. "Eichmann Supreme Court judgment – 50 years on, its significance today". Londres: Amnesty International Publications, 2012.
ARENDT, Hannah. *A condição humana*. 13ª ed. Trad. R. Raposo. Rev. téc. e apresentação A. Correia. Rio de Janeiro: Forense Universitária, 2016.
_____. "A história do grande crime. Uma resenha de *Bréviaire de la haine: le III Reich et les Juifs*, de Léon Poliakov". In: ARENDT, Hannah. *Escritos Judaicos*. Trad. Laura Mascaro, Luciana Oliveira e Thiago Dias da Silva. Barueri/SP: Amarylis, 2016, pp. 739-750.
_____. *A promessa da política*. 4ª ed. Trad. Pedro Jorgensen Jr. Rio de Janeiro: Difel, 2012.
_____. *A vida do espírito*. Trad. C. A. Almeida, A. Abranches e H. Martins. Rio de Janeiro: Civilização Brasileira, 2009.
_____. "Algumas questões de filosofia moral" (1965-1966). In: *Responsabilidade e julgamento*. Ed. Jerome Kohn; rev. téc. Bethânia Assy e André Duarte; Trad. Rosaura Eichenberg). São Paulo: Companhia das Letras, 2004.
_____. "As técnicas sociológicas e o estudo dos campos de concentração". In: *Compreender*: formação, exílio, totalitarismo – 1930-1954. Trad. Denise Bottmann. São Paulo: Companhia das Letras, 2008.

_____. "Auschwitz em julgamento". In: *Responsabilidade e julgamento*. Ed. Jerome Kohn; rev. téc. Bethânia Assy e André Duarte; Trad. Rosaura Eichenberg). São Paulo: Companhia das Letras, 2004.

_____. "Culpa organizada e responsabilidade universal". In: *Compreender*: formação, exílio, totalitarismo – 1930-1954. Trad. Denise Bottmann. São Paulo: Companhia das Letras, 2008.

_____. *Eichmann em Jerusalém:* um relato sobre a banalidade do mal. São Paulo: Companhia das Letras, 2000.

_____. *Elemente und Ursprünge totaler Herrschaft* – Antisemitismus, Imperialismus, totale Herrschaft. Munique: Piper, 2009.

_____. *Entre o passado e o futuro*. 5ª ed. Trad. M. W. B. de Almeida. São Paulo: Perspectiva, 2001.

_____. *Escritos Judaicos*. Trad. Laura Mascaro, Luciana Oliveira e Thiago Dias da Silva. Barueri/SP: Amarylis, 2016.

_____. "Filosofia e política". In: *A dignidade da política*. Trad. H. Martins e outros. Rio de Janeiro: Relume Dumará, 1993.

_____. *Hannah Arendt Papers*. Manuscript Division, Library of Congress, Washington DC (1898 to 1977) (https://www.loc.gov/collections/hannah-arendt-papers).

_____. "Karl Jaspers: cidadão do mundo?". In: *Homens em tempos sombrios*. Trad. Denise Bottmann. São Paulo: Companhia das Letras, 2003.

_____. "Karl Jaspers: uma *laudatio*". In: *Homens em tempos sombrios*. Trad. Denise Bottmann. São Paulo: Companhia das Letras, 2003.

_____. *Lições sobre a filosofia política de Kant*. Trad. André Duarte. Rio de Janeiro: Relume Dumará, 1993.

_____. *Origens do totalitarismo*. Trad. R. Raposo. São Paulo: Companhia das Letras, 2004.

_____. "Responsabilidade coletiva". In: *Responsabilidade e julgamento*. Ed. Jerome Kohn; rev. téc. Bethânia Assy e André Duarte; Trad. Rosaura Eichenberg). São Paulo: Companhia das Letras, 2004.

_____. "Responsabilidade pessoal sob a ditadura". In: *Responsabilidade e julgamento*. Ed. Jerome Kohn; rev. téc. Bethânia Assy e André Duarte; Trad. Rosaura Eichenberg). São Paulo: Companhia das Letras, 2004.

_____. "Respostas às perguntas de Samuel Grafton". In: ARENDT, Hannah. *Escritos Judaicos*. Trad. Laura Mascaro, Luciana Oliveira e Thiago Dias da Silva. Barueri/SP: Amarylis, 2016, pp. 739-750.

REFERÊNCIAS

_____. "Sobre a humanidade em tempos sombrios: reflexões sobre Lessing". In: *Homens em tempos sombrios*. Trad. Denise Bottmann. São Paulo: Companhia das Letras, 2003.

_____. *Sobre a revolução*. Trad. Denise Bottmann. São Paulo: Companhia das Letras, 2011.

_____. "Um guia para a juventude: Martin Buber". In: *Escritos Judaicos*. Trad. Laura Mascaro, Luciana Oliveira e Thiago Dias da Silva. Barueri/SP: Amarylis, 2016, pp. 151-154.

_____. "Uma réplica a Eric Voegelin". In: *Compreender*: formação, exílio, totalitarismo – 1930-1954. Trad. Denise Bottmann. São Paulo: Companhia das Letras, 2008.

_____. *Vita activa oder Vom tätiger Leben*. Munique: Piper, 2007.

ARENDT, Hannah; BLÜCHER, Heinrich. *Within four walls*. The correspondence between Hannah Arendt and Heinrich Blücher – 1936-1968. Ed. Lotte Kohler. Nova York: Harcourt, 1996.

ARENDT, Hannah; BLUMENFELD, Kurt. *Correspondance* – 1933-1963. Paris: Desclée de Brouwer, 2012.

ARENDT, Hannah; JASPERS, Karl. *Briefwechsel – 1926-1969*. Munique: Piper, 1993.

ARENDT, Hannah; McCARTHY, Mary. *Entre amigas*. A correspondência de Hannah Arendt e Mary McCarthy. Trad. Sieni Campos. Rio de Janeiro: Relume Dumará, 1995.

AGAMBEN, Giorgio. "Nota sobre la guerra, el juego y el enemigo". In: *Stasis: La guerra civil como paradigma político – Homo sacer*, II, 2. Trad. Rodrigo Molina-Zavalía. Buenos Aires: Adriana Hidalgo Editora, 2017.

AHARONI, Zvi; DIETL, Wilhelm. *Operation Eichmann: pursuit and capture*. Londres: Cassel, 1999.

ASSY, Bethânia. *Ética, responsabilidade e juízo em Hannah Arendt*. São Paulo: Perspectiva; Instituto Norberto Bobbio, 2015.

BACH, Gabriel. "The Eichmann Trial", 34 Loy. L.A. Int'l & Comp. L. Rev. 2012, pp. 315-338. Disponível em: http://digitalcommons.lmu.edu/ilr/vol34/iss3/3

BAEHR, Peter. *Hannah Arendt, totalitarianism and the social sciences*. Stanford: Stanford University Press, 2010.

BASCOMB, Neil. *Caçando Eichmann*: como um grupo de sobreviventes do Holocausto capturou o nazista mais notório do mundo. Trad. M. B. de Medina. Rio de Janeiro: Objetiva, 2011.

BEN GURION, David. "The Eichmann Case as seen by Ben Gurion". *The New York Times*, 18/12/1960.

BENHABIB, Seyla. "Hannah Arendt and the redemptive power of narrative". *Social Research*, Vol. 57, No. 1 (Spring 1990), pp. 167-196.

_____. *Another cosmopolitanism*. Robert Post (ed.). Nova York: Oxford University Press, 2006.

_____. "International law and human plurality in the shadow of totalitarianism: Hannah Arendt and Raphael Lemkin". In: BENHABIB, Seyla (ed.). *Politics in dark times: encounters with Hannah Arendt*. Cambridge: Cambridge University Press, 2010.

BERKOWITZ, Roger. "'The angry Jew has gotten his revenge': Hannah Arendt on revenge and reconciliation". *Philosophical Topics*. Vol. 39, N°. 2, Fall 2011, pp. 1-20.

BERLIN, Isaiah. *Building: Letters 1960-1975*. Londres: Random House, 2013.

BERMAN, Ronald. "*Hostis Humani Generis*". *The Kenyon Review*, Volume 25, 3, 1963, pp. 541-546.

BILSKY, Leora. "Between justice and politics: the competition of storytellers in the Eichmann Trial". In: ASCHHEIM, Steven A. *Hannah Arendt in Jerusalem*. Berkeley: University of California Press, 2001.

_____. "The Eichmann Trial: towards a jurisprudence of eyewitness testimony of atrocities". *Journal of International Criminal Justice* (2014), pp. 1-31.

BIRULÉS, Fina. "Arendt sobre Eichmann, unha lectura radical" (Prólogo). In: ARENDT, Hannah. *Eichmann en Xerusalén*. Trad. Jesus M. Saavedra Carballido. Santiago de Compostela: Universidade de Santiago de Compostela, 2021.

BONDY, François. "On misunderstanding Eichmann: letter from Jerusalem". *Encounter*. Nov. 1961, pp. 32-37.

BRECHENMACHER, Thomas. *Der Vatikan und die Juden*. Munique: C. H. Beck, 2005.

BUBER, Martin. "Eine Ammerkung". In: KRUMMACHER, F. A., *Die Kontroverse*: Hannah Arendt, Eichmann und die Juden. Munique: Nymphenburger, 1964, pp. 233-234.

BUTLER, Judith. *Caminhos divergentes: judaicidade e crítica do sionismo*. Trad. R. Bettoni. São Paulo: Boitempo, 2017.

_____. "Hannah Arendt's challenge to Adolf Eichmann". *The Guardian*, 29/08/2011 (Disponível em: https://www.theguardian.com/commentisfree/2011/aug/29/hannah-arendt-adolf-eichmann-banality-of-evil).

_____. "Hannah Arendt's death sentences". *Comparative Literature Studies*, Vol. 48, No. 3, Special Issue Trials of Trauma (2011), pp. 280-295.

_____. "Vida precaria, vulnerabilidad y ética de la cohabitación". In: TAJAFUERCE, Begonya Saez (ed.). *Cuerpo, memoria y representación* – Adriana Cavarero y Judith Butler en diálogo. Barcelona: Icaria, 2014.

CALDER III, William M. Werner Jaeger: 30 July 1888 - 19 October 1961. In: BRIGGS, Ward W. & CALDER III, William M. *Classical Scholarship: a Biographical Encyclopedia*. Nova York: Garland, 1990, pp. 211-226.

CESARANI, David. *Becoming Eichmann*: rethinking the life, crimes, and trial of a "desk murderer". Cambridge: Da Capo Press, 2007.

Charter of the International Military Tribunal – Annex to the Agreement for the prosecution and punishment of the major war criminals of the European Axis. United Nations: Treaty Series, nº 251, 1951, pp. 285-300.

CICERO. *De officiis*. Trad. Walter Miller. Londres: William Heinemann (Loeb Classical Library, L030), 1913.

_____. *Der Anfang vom Ende, Aufbau*, Vol. IX, nº 35, 27/08/1943

_____. *Die Eichmann-Serie in The New Yorker, Aufbau*, 15/03/1963.

DUSENBURY, David Lloyd "Carl Schmitt on *hostis* and *inimicus* – a veneer for bloody-mindedness". *Ratio Juris*. Vol. 28, nº 3, September 2015, pp. 431-9.

ECCEL, Daiane. "Debate sobre o totalitarismo: a troca de correspondências entre Hannah Arendt e Eric Voegelin". *Lua Nova*, São Paulo, 101, 2017, pp. 141-174.

EDLER, Frank H. W. "Heidegger and Werner Jaeger on the eve of 1933: a possible rapprochement?". *Research in Phenomenology*, Vol. 27, nº 1, 1997, pp. 122-149.

EICHMANN, A. "Eichmann own's story. *Life*, 2 partes (28/11/1961 e 06/12/1960).

ELSNER, J. "Paideia: ancient concept and modern reception". *International Journal of the Classical Tradition*. Vol. 20, nº 4, Dez. 2013, pp. 136-152.

EUBEN, J. Peter. "Justice and the Oresteia". *The American Political Science Review*. Vol. 76, 1982, pp. 22-33.

FELLOWS, Lawrence. "Buber calls Eichmann execution great 'mistake'", *The New York Times*, 05/06/1962, p. 15.

_____. "Israel seizes Nazi chief of extermination of Jews". *The New York Times*, 24 de maio de 1960, pp. 1 e 18.

FELMAN, Shoshana. "Theaters of justice: Arendt in Jerusalem, the Eichmann Trial, and the redefinition of legal meaning in the wake of the holocaust". *Critical Inquiry*, Vol. 27, No. 2 (Winter, 2001), pp. 201-238.

FLEMING, Katie. "Heidegger, Jaeger, Plato: the politics of humanism". *International Journal of the Classical Tradition*. Vol. 19, n° 2, Jun. 2012, pp. 82-106.

FOUCAULT, Michel. *A verdade e as formas jurídicas*. Trad. Roberto Machado e Eduardo Jardim de Moraes. Rio de Janeiro: NAU Editora, 2005.

FRIEDMAN, Maurice. *Martin Buber's life and work – The later years, 1946-1965*. Nova York: Dutton, 1981.

GOÑI, Uki. *A verdadeira Odessa: o contrabando de nazistas para a Argentina de Perón*. Rio de Janeiro: Record, 2004.

GOTTLIEB, Susannah Young-ah. "Beyond Tragedy: Arendt, Rogat, and the Judges in Jerusalem". *College Literature*, Volume 38, Number 1, Winter 2011, pp. 45-56.

HAREL, Isser. *The house on Garibaldi Street*. Nova York: The Viking Press, 1975.

HAUSNER, Gideon. *Justice in Jerusalem*. New York: Harper & Row, 1966.

HELLER-ROAZEN, Daniel. *The enemy of all – piracy and the law of nations*. Nova York: Zone Books, 2009.

HODES, Aubrey. *Martin Buber – an intimate portrait*. Nova York: Viking Press, 1971.

HULL, *The struggle for a soul*. Nova York: Doubleday & Company, 1963.

JAEGER, Werner W. *Five essays*. Trad. Adele M. Fiske. Montreal: Mario Casalini, 1966.

_____. *Paidéia: a formação do homem grego*. Trad. Artur M. Parreira. 3ª ed. São Paulo: Martins Fontes, 1994.

JASPERS, Karl. *A questão da culpa*. Trad. Claudia Dornbusch. São Paulo: Todavia, 2020.

_____. "Für Völkermord gibt es keine Verjährung". In: *Die Schuldfrage/Für Völkermord gibt es keine Verjährung*. Munique: Piper & Co, 1979.

_____. "Karl Jaspers zum Eichmann-Prozess. Ein Gespräch mit François Bondy". *Der Monat*, 13/1960/61, Nr. 152, pp. 15-19.

_____. "Who Should Have Tried Eichmann?". *Journal of International Criminal Justice*, n° 4, 2006, pp. 853-858 (Entrevista a François Bondy).

KANT, Immanuel. *A metafísica dos costumes*. Trad. José Lamego. Lisboa: Fundação Calouste Gulbenkian, 2005.

REFERÊNCIAS

KOSKENNIEMI, Martti. "Hersch Lauterpacht and the development of international criminal law". *Journal of International Criminal Justice* 2, 2004, pp. 810-825.

_____. *The politics of international law.* Oxford: Hart, 2011.

LAFER, Celso. *A reconstrução dos direitos humanos: um diálogo com o pensamento de Hannah Arendt.* São Paulo: Companhia das Letras, 1988.

_____. "Reflexões sobre a atualidade da análise de Hannah Arendt sobre o processo Eichmann". In: BREPOHL, Marion (ed.). *Eichmann em Jerusalém – 50 anos depois.* Curitiba: Ed. UFPR, 2013, pp. 17-33.

_____. *Direitos humano: um percurso no direito do século XXI*, vol. 1. São Paulo: Atlas, 2015.

LESS, Avner W. *Eichmann interrogated: transcripts from the archives of the Israeli police.* Londres: Bodley Head, 1983.

LIPSTADT, Deborah. *The Eichmann Trial.* Nova York: Schocken, 2011.

LUBAN, David. "Hannah Arendt as a theorist of international criminal law". *International Criminal Law Review*, 11 (2011), pp. 621-641.

_____. "Hannah Arendt on the crime of crimes". *Ratio Juris*. Vol. 28 No. 3 September 2015, pp. 307-325.

_____. "The enemy of all humanity". *Netherlands Journal of Legal Philosophy*, vol. 47 (2), 2018, pp. 112-137.

MALKIN, Peter. *Eichmann in my hands.* Nova York: Warner Books, 1990.

MANN, Itamar. "Hangman's perspective: three genres of critique following Eichmann". In: *The Oxford handbook of international criminal law.* Oxford: Oxford University Press, 2000.

MARRUS, Michael R. "A Jewish Lobby at Nuremberg: Jacob Robinson and the Institute of Jewish Affairs, 1945-46". In: *The Nuremberg Trials: international criminal law since 1945: 60th anniversary international conference.* Munique: K. G. Saur, 2006.

_____. *The Nuremberg War Crimes Trial/1945-46 – A documentary history.* Boston: Bedford/St. Martin's, 1997.

MULISCH, Harry. *Criminal case 40/61, the trial of Adolf Eichmann: an eyewitness account.* Philadelphia: University of Pennsylvania Press, 2005.

MUSMANNO, Michael. "Man with an unspotted conscience". *The New York Times* 19/05/1963, pp. BR1 e 4D.

_____. *The death sentence in the case of Adolf Eichmann*: A Letter to His Excellency Itzhak Ben-Zvi, President of the State of Israel. Pittsburgh, 1962.

_____. *The Eichmann Kommandos*. Londres: Peter Davies, 1961.

NAFTALI, Timothy. "The CIA and Eichmann's Associates", In: *U.S. Intelligence and the Nazis*. Nova York: Cambridge University Press, 2005, pp. 337-374.

NAOR, Amit. "Who Opposed Eichmann's Execution?". *The Nacional Library of Israel*, 27/04/2021 (https://blog.nli.org.il/en/hoi_eichmann_opposition/). Acessado em 20/07/2022.

NEIMAN, Susan. *O mal no pensamento moderno*: uma história alternativa da filosofia. Trad. Fernanda Abreu. Rio de Janeiro: Difel, 2003.

NIETZSCHE, Friedrich. *Genealogia da moral*: uma polêmica. Trad. Paulo César de Souza. São Paulo: Companhia das Letras, 1998.

PULVER, *Sob o tacão de Eichmann: como escapei do massacre*. São Paulo: Autores Reunidos, 1961.

RECH, Walter. "Rightless enemies: Schmitt and Lauterpacht on Political Piracy". *Oxford Journal of Legal Studies*, Vol. 32, No. 2 (2012), pp. 235--263.

REYDAMS, Luc. *Universal jurisdiction – international and municipal legal perspectives*. Nova York: Oxford University Press, 2006.

RIBAS, Christina M. *Justiça em tempos sombrios: a justiça no pensamento de Hannah Arendt*. Ponta Grossa, PR: Todapalavra, 2019.

ROBINSON, Jacob. *And the crooked shall be made straight* – The Eichmann Trial, the Jewish catastrophe, and Hannah Arendt's narrative. Nova York: Macmillan, 1965.

_____. "Eichmann & the Question of Jurisdiction". *Commentary*, 30, Julho de 1960, pp. 1-5.

ROGAT, Yosal. *The Eichmann trial and the rule of law*. Santa Barbara, Califórnia: Center for the study of democratic institutions, 1961.

RUBIN, Alfred. *The law of piracy*. Newport: Naval War College Press, 1988.

SCHABAS, William. "The contribution of the Eichmann Trial to International Law". *Leiden Journal of International Law*, Volume 26, Issue 03, September 2013, pp. 667-699.

SCHACHERMEYR, F. "The genesis of the Greek polis". *Diogenes*, 1953/09 Vol. 1; n° 4, pp. 17-30.

SCHMITT, Carl. "Carl Schmitt über *Eichmann in Jerusalem*". *HannahArendt.net*, Ausgabe 1/2, Band 6, November 2011.

_____. *Der Nomos der Erde im Völkerrecht des Jus Publicum Europaeum*. Berlim: Duncker&Humblot, 1950, p. 34.

REFERÊNCIAS

_____. *Land and sea*. Trad. Simona Draghici. Washington: Plutarch Press, 1997.

_____. *O conceito do político/Teoria do partisan*. Trad. Geraldo de Carvalho. Belo Horizonte: Del Rey, 2009.

_____. "The concept of piracy". Trad. Daniel Heller-Roazen. *Humanity*, Vol. 2, Nº 1, Spring 2011, pp. 27-29.

SCHOLEM, Gershom. "Eichmann". In: *On Jews and Judaism in crisis*. Nova York: Schocken Books, 1976, pp. 298-300.

SEGEV, Tom. *Simon Wiesenthal: the life and legends*. Nova York: Doubleday, 2010.

_____. *The seventh million*: the Israelis and the Holocaust. Nova York: Hill and Wang, 1993.

SHAKED, Michal. "The unknown Eichmann Trial: the story of the judge". *Holocaust and Genocide Studies*, 29, no. 1 (Spring 2015), pp. 1-38.

SIMON, Ernst. "Hannah Arendt – Eine Analyse". In: *Die Kontroverse*: Hannah Arendt, Eichmann und die Juden. Munique: Nymphenburger, 1964, pp. 39-77.

SONTAG, Susan. *Against interpretation and other essays*. Nova York: The Noonday Press, 1966.

STANGNETH, Bettina. *Eichmann before Jerusalem: the unexamined life of a mass murderer*. Nova York: Vintage Books, 2015.

TAYLOR, Telford. *The anatomy of Nuremberg Trials – a personal memoir*. Nova York: Alfred A. Knopf, 1992.

Trial of the major war criminals before the International Military Tribunal (14/11/1945-01/10/1946). Vol. II. Nuremberg, 1947 (Blue Serie).

Trial of the major war criminals before the International Military Tribunal (14/11/1945-01/10/1946). Vol. III. Nuremberg, 1947 (Blue Serie).

VERNON, Richard. "What is Crime against Humanity?", *The Journal of Political Philosophy*, Volume 10, Number 3, 2002, pp. 231-249.

VOEGELIN, E. "The origins of totalitarianism". In: *The collected works of Eric Voegelin: published essays 1953-1965*. Vol. 11 (Ellis Sandoz, ed.). Columbia: University of Missouri Press, 2000, pp. 15-23.

WEISS, Erica. "Finding 'Neo-Israelite' Justice for Adolf Eichmann". *Hebraic Political Studies*, Vol. 4, No. 2 (Spring 2009), pp. 169-188.

WIESENTHAL, Simon. *Justice, not vengeance*. Nova York: Grove Weidenfeld, 1989.

YABLONKA, Hanna. "Preparing the Eichmann Trial: who really did the job?". *Theoretical Inquiries in Law*, Vol. 1 [2000], No. 2, pp. 1-24.

_____. "The Eichmann Trial: was it the Jewish Nuremberg?". *Loy. L. A. Int'l & Comp. L. Rev.*, Vol. 34, n° 301, 2012, pp. 301-313.

_____. *The State of Israel vs. Adolf Eichmann*. Nova York: Schocken Books, 2004.